RENWENHEZHOU

人文贺州

广西贺州市社会科学界联合会　主编

中国出版集团

世界图书出版公司

广州·上海·西安·北京

图书在版编目（CIP）数据

人文贺州 / 广西贺州市社会科学界联合会主编 . --
广州：世界图书出版广东有限公司，2013.12
ISBN 978-7-5100-7325-0

Ⅰ．①贺… Ⅱ．①广… Ⅲ．①贺州市－地方史 Ⅳ．
① K296.74

中国版本图书馆 CIP 数据核字（2014）第 008145 号

人文贺州

策划编辑	赵　泓
责任编辑	阮清钰
装帧设计	梁嘉欣
出版发行	世界图书出版广东有限公司
地　　址	广州市新港西路大江冲 25 号
电　　话	020-84459702
印　　刷	广州市鸿锦印刷有限公司
规　　格	787mm×1092mm　　1/16
印　　张	18.5
字　　数	240 千
版　　次	2014 年 3 月第 1 版　2014 年 3 月第 1 次印刷
ＩＳＢＮ	978-7-5100-7325-0/K·0192
定　　价	80.00 元

《人文贺州》编辑委员会

陈文珍　邱　彧　潘晓东　程　瑜

　　贺州，享有"粤港澳后花园"的美誉，在海内外各个城市、各个区域经济、文化各种交流日益频繁的今天，正在昂首阔步迈向新时期城市形象展示大舞台的"前台"。

　　"经济活动的起点和终点，都是文化。"、"经济行为只要延伸到较远的目标，就一定能够碰到文化。"若干年前，在纽约举行的一次"全球经济发展与文化转型"国际学术研讨会上，一些国际知名经济学家开始以文化视角审视经济活动、社会发展和文化建设。这也预示着人类文明未来的前行方向。

　　"越是民族的，就越是世界的。"进入新世纪以来，几乎伴随着地级贺州市的成立，"城市以文化论英雄"的全新理念也被国内更多城市广泛接纳，越来越多的城市更加重视自身文化形象、旅游形象的确立和传播，环顾广西，南宁的"奇山秀水绿南宁，绿城寻歌壮乡情"，桂林的"山水甲天下，美丽新桂林"，北海的"海湾明珠，休闲之都"，等等。贺州也确立了"粤港澳后花园"的城市形象和"重诚厚德、开放包容、自强不息"的城市精神。这是颇有前瞻性地推进文化建设的举措，必将对贺州今后的发展产生深远的影响。因此，在"地球村时代"，再次爬梳、整理、审视贺州2000多年的"大文化"发展史，凸显贺州富有地域特色和时代精神的独特文化，其意义不言而喻。

　　从本质上来说，贺州今天的一切物质文化创造，得益于大自然对于这方土地的馈赠与厚爱，得益于历代先民的辛勤劳动和无穷智慧，更得益于30多年的改革开放和新时期200多万贺州人民的开拓进取、自强不息。

　　贺州位于广西壮族自治区东北部，地处湘、粤、桂三省（区）交界地。全市总面积 11855 平方公里，其中山地面积 4062 平方公里，平原面积 1420 平方公里，丘陵面积 6373 平方公里。贺州拥有丰富的旅游资源、农林资源、水电资源、矿产资源，是一块正在开发的宝地，受到海内外客商和游客的广泛关注。

贺州历史悠久，迄今已有 2100 多年的历史，中原文化、百越文化、湘楚文化等多种文化在这里交汇，形成了开放包容、兼收并蓄的贺州文化。早在明清之际，这里就是桂湘粤三省（区）的商品集散地，特殊的历史文化造就了贺州众多的自然景观、名胜古迹，境内有国家级、自治区级重点文物保护单位 10 多处。较著名的有姑婆山、紫云洞、玉石林；临贺故城、玉印浮山、客家围屋、文笔塔、千年桂花井、黄姚古镇、广西省工委旧址纪念馆；孙中山率师北伐途经昭平时的演讲台，还有何香凝等一大批文化名人抗战期间在黄姚古镇的旧寓所；还有，有"宋明清民居博物馆"之称的秀水状元村，以及明清时代的古城、风雨桥、瑞光塔等等。此外，贺州的民族风情多姿多彩，如瑶族的"盘王节"、"打油茶"、"长鼓舞"，壮族的"三月三"、"庙会"、"炮期"、"舞火猫"等。

2002 年 11 月 2 日，对于贺州来说是一个特别的日子，地级贺州市的成立，开启了贺州历史新纪元，翻开了贺州发展新篇章。10 多年来，在自治区党委、政府的领导下，贺州历届市委、市政府深入贯彻落实科学发展观，团结带领全市各族人民励精图治、开拓进取，奋力闯出了一条符合市情实际、具有贺州特色的科学发展路子，圆满完成了"搬好一个家，建好一座城"的历史使命。今日的贺州正加快从传统农业市向新型工业化城市、从不沿边不靠海的广西"交通末梢"向桂粤湘区域性交通枢纽、从"县级市"向区域性中心城市、从广西"区尾"向承接东部产业转移的开放前沿转变，一个充满生机活力、昂扬向上的新贺州正在桂东大地上崛起！如今的贺州是一座正在崛起的新兴旅游城市，有着"粤港澳后花园"的美誉。贺州还是国家承接产业转移示范区、全国双拥模范城、中国优秀旅游城市、国家森林城市、广西文明城市、广西卫生城市。贺州正在吸引全中国、全世界的目光。

正是为了传承、弘扬贺州历史悠久、璀璨多彩的文化，贺州市社会科学界联合会组织编纂、出版这本较为全面介绍贺州地理环境、自然资源、历史沿革与行政区划、旅游资源、风土人情，以及经济社会文化发展的《人文贺州》。这本具有"大文化"视角的《人文贺州》出版，有助于我们更好地了解贺州的过去，把握贺州的今天，展望贺州美好的未来。

党的十八届三中全会指出，"必须更加注重改革的系统性、整体性、协同性，加快发展社会主义市场经济、民主政治、先进文化、和谐社会、生态文明"，"建设社会主义文化强国，增强国家文化软实力"，这为贺州今后的"五个文明建设"指明了方向、明确了目标。具有勤劳勇敢、顽强拼搏、开拓进取、艰苦奋斗精神的贺州人民，在建设生态良好、风情浓郁、宜居宜商的美丽贺州，奋力实现与全国全区同步全面建成小康社会的富裕文明和谐幸福新贺州伟大事业中，将谱写出更加辉煌灿烂的"文化贺州"新篇章。

本书在收集资料和编辑过程中得到很多领导和部门的帮助，书中对很多专著和刊物的相关材料进行了参考和引用在此不一一列举，还有市统计局、市工信委、市旅游局、市文新局等多个市直单位和贺州市各县（区、管理区）社科联以及胡庆生、贝正平、廖祖平、官业勋、刘静、刘新轩、覃秋零、熊开阔等几位社科工作者提供了一些图片，在此也一并专程表示感谢！

《人文贺州》编辑委员会

2014 年 3 月

目录

CONTENTS

目录

第四章

文明贺州 / 149

第五章

贺州撷英 / 222

第一章

古今贺州

GUJINHEZHOU

贺州市位于广西东北部，地处湘、粤、桂三省（区）结合部。东与广东省清远市、肇庆市毗邻，南与梧州市相接，西与桂林市接壤，北与湖南省永州市相连。东至香港、澳门 500 公里，至广州市 300 公里，西至柳州市 300 公里；北至桂林市 212 公里，南至梧州市 160 公里。

贺州总面积 1.18 万平方公里，总人口 233 万。辖八步区、平桂管理区、昭平县、钟山县、富川瑶族自治县，共有 61 个乡镇和街道办事处。其中，八步区面积 3325 平方公里，人口 62 万；平桂管理区面积 2022 平方公里，人口 41.5 万。昭平县面积 3273 平方公里，人口 40 万；钟山县面积 1483 平方公里，人口 42 万；富川瑶族自治县面积 1572 平方公里，人口 30 万。

贺州历史悠久，人文底蕴深厚，迄今已有 2100 多年的历史。贺州也是一座正在崛起的新兴旅游城市，有着"粤港澳后花园"的美誉。它是我国大西南地区东进粤港澳和出海的重要通道，是中国－东盟自由贸易区、西部大开发和泛珠三角区域合作的战略结合点，是享受西部大开发优惠政策和接纳海外及中国沿海经济辐射与产业转移的"桥头堡"。贺州曾荣获国家承接产业转移示范区、全国双拥模范城、中国优秀旅游城市、国家森林城市、广西文明城市、广西卫生城市等荣誉称号。

一、历史沿革和行政区划

（一）历史沿革

贺州历史底蕴深厚，上溯到公元前 111 年，汉武帝时期就在此设置贺县，三国时吴国黄武五年（公元前 226 年）设置临贺县，隋朝改设贺州，迄今已有

临贺故城一角

2100 多年的历史。

贺州是一个多民族聚集的地区，民族风情古老多姿，古朴奇异的民风民俗引人入胜。

富川瑶族自治县瑶族芦笙长鼓舞

八步区南乡镇壮族"舞火猫"活动

贺州，秦属南海郡地；秦末赵佗称南越王，属南越国；汉平南越后，属苍梧郡。西汉汉武帝元鼎六年（公元 111 年），汉武帝平南越，在今贺州市北部及昭平县置临贺、封阳、富川三县，同属苍梧郡；三国孙权置临贺郡，郡地在今贺街镇西南村和河西村，隶荆州。吴黄武五年（公元 226 年）增置建兴县，与临贺、封阳同属临贺郡；西晋武帝太康元年（公元 280 年），改建兴县为兴安县，临贺郡地仍是郡领县属，隶广州；东晋、十六国改隶荆州；南朝宋明帝太始五年（公元 469 年）改临贺郡为临庆国，隶湘州；南朝齐建元二年（公元 480 年），复临贺郡名，临贺县仍为郡治。

原贺县八步大桥照片

原贺县铁锅厂照片

齐高帝建元二年（公元 480 年），改国复称临贺郡。梁置荡山县（县治在今八步区公会镇和昭平县凤凰乡一带），属临贺郡；隋文帝开皇九年（公元 589 年），废郡置贺州，封阳县改属苍梧郡；开皇十八年（公元 598 年），改兴安县为桂岭县，属西平郡。隋大业三年（公元 621 年），废州复临贺郡，辖临贺、荡山等县；唐高祖武德四年（公元 621 年），复置贺州和临贺县，临贺县仍为郡治；天宝元年（公元 724 年），玄宗改州为临贺郡；乾元元年（公元 758 年），肃宗又改郡为贺州，临贺县仍为州郡治；五代初属楚，后归南汉，北宋太祖开宝四年（公元 971 年），并封阳及荡山部分辖地入临贺县，属贺州，隶广南西路；元末并桂岭县入临贺县；明洪武十年（公元 1377 年），太祖降贺州为县，临贺县改名称贺县，治所在今广西贺州市贺街镇，属平乐府；民国三年（公元 1914 年）设道观察使，六年改为道尹，贺县属桂林道；民国六年（公元 1917 年），信都县属苍梧道。民国二十三年（公元 1934 年），两县均属第一行政督察区。

（二）古代城市发展

城市是人类历史发展到一定阶段的重要文明成果，是国家或一定区域的政治、经济、文化中心。在 2100 多年的发展过程中，贺州为我们留下了丰富的文化底蕴和历史遗迹。秦之前，并没有关于贺州城市发展的记录，直到秦末汉初，贺州属苍梧郡，是西汉中央帝国边庭割据势力南越国争锋的前沿阵地。汉元鼎六年（公元前 111 年），汉武帝平南越，以大桂山为界，于萌渚岭谷地上部置临贺县，县治即今贺街镇；下部置封阳县，县治今铺门镇。直至 1952 年，贺街镇作为州、郡、县治地历时 2063 年。

1. 在秦之前，贺州并无确切的城市记载

现有的考古资料表明，在旧石器和新石器时代，贺江和桂江流域沿岸的河谷盆地已经出现了人类聚居的痕迹。先秦时期，贺江、桂江属百

越，富川北段为楚越交界处。直到秦三十三年（公元前214年），秦始皇设桂林、南海象郡。

虽然秦以前贺州并无史料记载，但根据考古发现，在商周时期，贺州便出现了独立的青铜文明。随后，受到中原文化和楚文化的辐射，成为岭南地区青铜文化的引领者。

贺州盛产多种有色金属，这也是大量生产青铜器的物质条件。出土的青铜器相当部分是在贺州制造的。贺州青铜从商开始出现，盛于春秋战国时期，其间吸取各地精华，青铜文化呈现出独特性、文化因素多样性和在岭南地区的先进性。南越时，贺州青铜文明迅速走向衰落。贺州青铜文明兴衰与贺州在两周时是部落王国，到南越国定都番禺，最后贺州仅成为西汉的一个县，均有很大关系。某种程度上来说，贺州青铜文明发展史是战争史和政权变更史的集中反映。

国家一级文物——东汉铜人吊灯

1991年7月，原八步区沙田镇出土麒麟尊，1996年被定为国家一级文物。麒麟尊又名铜牺尊、神兽尊，为战国早期贵族用的大型酒器，距今约2500年。出土以来，麒麟尊经常在国内外巡回展出。2001年，麒麟尊被复制放大，竖置于贺州的灵峰广场，成为贺州的标志物。2002年开始作为具有收藏价值的旅游纪念品限量发行。由于它造型独特，文化底蕴深厚，发行以来

国家一级文物——麒麟尊

1 民国铜茶壶　　2 民国铜温酒壶　　3 富川瑶族铜脚盆

受到收藏者的青睐，《中国文物精华》一书和原国家文物局局长张德勤专家曾称誉。广西贺州战国神兽尊形体硕大，造型移植自西周的同类器物，而且有地方风格。在广西出土，说明商周青铜文化的余韵，在西周的百越地区尚未绝响，它是华夏族文化和百越文化相互交融的见证。

2003 年麒麟尊被国家邮政局选入《东周青铜器》邮票印上"国家名片"。2003 年《收藏》杂志对麒麟尊作了详细介绍。麒麟尊工艺精湛，造型独特，不仅仅是贺州，更是整个中华民族的瑰宝。

2. 汉代时期，贺江流域的城市全面兴起

贺州地处楚越交界，有着十分重要的战略地位。南越国、西汉长沙国都曾在此设兵驻防。长沙国曾经在《地形图》上特别标明"封中"。汉武帝时期，出兵平定南越后，为加强对岭南的政治、军事控制，在重要的水道沿线设立军事统治点。而这一批城市的建立，标志着中央王朝开始对岭南进行开发。当时的贺江流域，由于其特殊的地理位置优势，

位于贺江边的临贺故城

成为中原经济、政治、文化和军事向岭南扩张的重要通道、节点，受到统治者们的高度重视。

3. 三国至南朝时期

三国吴黄曾搬迁贺州市东北部的桂岭、开山、大宁等镇，同时分苍梧置临贺郡，通向沿江县镇。这意味着贺江流域城市已组成一个以临贺为枢纽联系紧密的经济单元。至此后的一千多年，临贺郡辖区基本没有太大变化。

如此长久的发展时期内，临贺故城积淀了丰富的"文化金矿"，中原文化、百越文化、楚文化在这里交汇融合。城内有寺、庙、祠、馆、观30多座，文人墨客留迹众多。特别值得一提的是著名的乾亨寺铜钟，铸于五代十

南汉时期乾亨寺铜钟

国时期的南汉大宝四年（公元961年），高1.33米，口径0.83米，重750公斤，钟身镌字1288个，记述钟的铸造年代、尺寸、重量以及监造官、铸造匠、镌字匠和使用僧的姓名，从一个侧面反映了南汉时期的政治、经济、文化、宗教和生产力的发展水平，具有很高的历史价值和艺术价值，属广西重点保护文物。铜钟原置贺县桂岭乡（今贺州市八步区桂岭镇）乾亨寺，故名。民国时期迁往临贺故城三乘寺，天晓击之，声震十里，"三乘晓钟"乃当时贺县八景之一。1964年铜钟迁入八步人民公园，今置于灵峰广场一侧留趣山钟亭。

而在临贺故城外围，遍布香花、高基、寿峰、蛇头岭、蝴蝶岭、大坪岭六大古墓群。其中寿峰古墓群是迄今为止广西境内发现的惟一一处三国古墓群。1994年贺州市博物馆在信八二级公路建筑工地现场发掘的9座古墓中，就发现60余件珍贵文物，如东汉铭文四神规矩铜镜、彩陶说书俑，明代金耳环、金头簪、青花瓷器，还有三国文物等。这些文物对研究汉、三国、南北朝、明朝等古代岭南文化具有极其重要的实物价值。

汉规矩纹铜镜

东汉说书俑

4. 南朝至唐朝间

从南朝开始，贺江、桂江流域城市逐渐兴起。在此期间地区行政区划变动频繁，先后出现了龙平、豪静、思勤、马江、荡山、绥越、桂岭贺川和富水等县。此时近昭平县一带出现了城市。公元 520 年，在今昭平置静州，下辖 4 郡 7 县。到了隋开皇九年（公元 589 年），废临贺郡置贺州。大业元年（公元 605 年），废静州、贺州，并临贺、荡山入富川，改名贺川县，属始安郡。唐高祖武德四年（公元 621 年），重置贺州，辖临贺、封阳、桂岭、富川、冯乘五县；以原始安郡之平乐县置乐州，辖平乐、恭城、龙平、立山四县。此时的桂江流域已形成以平乐为中心的经济和行政单元。

5. 五代至宋，沿用唐朝制式

贺州、赵州属楚地，后楚乾佑元年（公元 948 年）属汉地。宋开宝三年（公元 970 年）归宋，属广南路。宋朝开宝四年（公元 971 年），宋太祖将封阳、荡山县划入临贺县为乡，贺州辖领临贺、桂岭、富川三县，属广南路；至道三年（公元 997 年），宋太宗分广南东西两路，贺州隶属广南东；至大观二年（公元 1108 年），宋徽宗归贺州为广南西，并在今八步区铺门镇安定村两广交界处设古城堡。废冯乘县，西南部并入富川。据研究，独柱山古堡为两广分界线遗存见证，对于两广古代军事史、行政发展史研究有着至关重要的地位。

6. 元初

贺州、昭州属湖广行书省广西道，至正（公元 1341 年—1370 年）末年改属广西行书省。到大得六年（公元 1320 年），昭州升平乐府。

7. 明清至民国期间

平乐府统辖桂江、贺江流域城市。明朝洪武十年（公元 1377 年），废贺州为县。平乐府开始辖临贺、富川、平乐、恭城、龙平和立山六县。此时，贺江流域城市群地位开始衰落。

明代，贺县、富川、昭平三县均是瑶、壮等少数民族主要聚居区，社会秩序动荡，战乱起义频繁，因而在选择地方行政中心时，统治者往往会将军事战略位置作为首要考虑因素。万历（公元 1573 年—1620 年）

年间，废除平乐、富川两县，立昭平县。到了洪武二十九年（公元1396年），富川县迁至今富阳镇，并在县治以下和麦岭、桂岭、钟山、信都等地设立了麦岭巡检司、大宁寨巡检司、边蓬寨巡检司、信都乡巡检司等作为次一级的军事、政治统治地。

二、地理环境

（一）地理位置

贺州市位于广西壮族自治区东北部，北纬23°39′–25°09′，东经111°05′–112°03′，地处湘、粤、桂三省（区）交界地。全市总面积11855平方公里，约占广西总面积5.01%。其中山地面积4062平方公里，平原面积1420平方公里，丘陵面积6373平方公里。

（二）气候特征

贺州市地处亚热带地区，属南亚热带湿润季风气候。由于受到西太平洋暖湿气候的影响，又受到孟加拉湾西南气流的控制，加上地形以丘陵山地为主，特别是北部的南岭余脉，对南下的冷空气和北上的暖湿气团有一定的阻挡、抬升作用，造成降水多，雨季长。贺州雨量充沛、光热充足，年平均气温20℃，极端最高温度38.9℃，极端最低温度–4℃。年降雨量1500–2000毫米，年平均降雨日171天。年无霜期320多天。年平均日照时数1586.6小时，年平均相对湿度78%，平均蒸发量1621.8毫米。常年主导风向为西北，夏季为东风，平均风速1.8米／秒。境域受北方强冷空气影响，在冬季和初春可能出现降雪天气。其中以富川地区出现最多，年平均日数达3.2天，出现降雪时间主要集中在每年12月份至次年的3月份。

（三）主要水系

贺州市辖区内河流有桂江、贺江，均属珠江水系。桂江源于桂林，流经昭平县，到梧州市汇入西江。贺江发源于富川瑶族自治县麦岭镇大坝村的茗山，流经钟山县、平桂管理区、八步区，在广东省封开县汇入西江。贺江上游称富江。

三、自然资源

（一）水力资源

贺州坐拥"三省通衢"之便，东临广东，北靠湖南，西接桂林。位处五岭山脉深处，桂江、贺江贯通全境，水不仅滋养了贺州，更为其提供了交通的便利，使其与外界紧紧联系在一起。贺江引来了一条潇贺古道，桂江引来了灵渠。古道和运河的出现为贺州带来繁荣。水不仅馈赠给贺州以便利的交通，更为贺州带来了丰富的水利资源。

贺州市境内水系属珠江流域西江水系，河流纵横成网，大小河流249条，主要河流就有桂江、贺江、临江、思勤江和富群河等。地理位置属亚热带季风气候区，雨量充沛，积水面积较广，加上外地入境水量多，全市水资源丰富，有利于生产和生活用水，有利于航运事业和水电事业的发展。

桂江金牛坪电站

贺江合面狮水电站

　　贺州全市理论水能蕴藏量 103.8 万千瓦，占广西水能理论蕴藏量 1755.84 万千瓦的 5.91%，可发电量 73.48 千瓦。解放以来，贺州各地修建了各种水库、塘坝蓄水工程和引水工程，增加境内地表水的蓄水量。据不完全统计，贺州境内有大型水库 2 处、中型水库 13 处、小型水库 406 处，总库容量达 163361.8 万立方米，有效库容 101361 万立方米；建成塘坝 4244 处，总库容 5734 万立方米，有效库容 5007 万立方米。建成引水工程 11866 处，正常引水流量达 108.7 立方米 / 秒；建成排灌机械工程 2393 处、水轮泵站 751 处。全市各类水利灌溉工程建成后，有效灌溉面积达到 116490 公顷。2013 年，全市电力装机总容量 62.57 万千瓦，年发电量 24.51 亿千瓦时，已建和在建大中小型水电站 100 余座，建成了广西地级市唯一的独立地方电网。1995 年，率先成为全国第一个实现农村电气化的地区。2005 年，贺州通过水电农村电气化达标验收，成为全国第一个"水电电气化市"，成为名副其实的水电大市。

　　目前，贺州市的电力资源不仅能够满足自身需求，还可以对外输出、供给。近几年来，贺州在"西电东送"中取得了巨大的成就。"贺电东送"，也使得来自于全国各地的发展商对贺州投资充满信心。

（二）林业资源

贺州拥有多元化的地形，包括山地、丘陵、台地、平原、盆地等，喀斯特石山穿插其中。地貌特点是山多平原少，南北高中间低，为半山丘陵区。

多元的地貌为贺州提供了丰富的植物资源。其中仅草场面积便达到45.94万公顷，占土地总面积23.13%，可利用草场面积36.67万公顷。不仅包括草丛类草场、疏林草场、灌林草场，还有龙林隙地草场。其中草丛类草场主要分布在边缘山区，疏林草场分布在村、镇居民点附近，灌林草场分布在八步、富川、钟山和昭平的一些乡镇。这样立体的草场分布非常有利于畜牧业发展。

由于贺州境内森林茂密，保护得当，有林面积高达86.54万公顷，森林覆盖率为72.73%，绿化程度达92%，森林蓄积量逾3400多万立方米，森林覆盖率和绿化程度远远高于全国、全区的平均水平。1996年，贺州被林业部批准成为全国第一个外向型林业改革实验区，成为了我国外向型林业改革的先锋。

贺州不仅森林面积广，树木种类也非常多样化，其中更是不乏一些珍贵的植物。昭平县城便有18株古榕，以东门社的一株最大。由主干生出8条直径约1.2米的巨株，树冠更是宽达49米、阴地2.7亩，树龄

大桂山林区

昭平县九十九顶林场

超过 400 年。昭平县还分布紫檀（又称青龙木、紫檀木，属世界稀有树种，现一般只在原始森林之中方能找到）；南方木莲则分布在昭平县七冲自然保护区的深山里，属国家二级保护植物；除此之外，贺州境内还分布了丰富的用材树木，数量多达百种，如马尾松、湿地松、海南万针松、杉树、黄枝油杉、相思木等；编制竹、藤材料类有毛竹、楠竹、黄竹、吊丝竹、大眼竹等；药用植物 600 多种，列入国家收购的 500 多种。

贺州市委、市政府为了进一步落实国家的退耕还林政策，保护水土资源，建立了四大自然保护区——滑水冲水源林自然保护区、姑婆山水源林自然保护区、西岭山水源林自然保护区、七冲自然保护区。其中滑水冲水源林自然保护区（自治区级自然保护区）位于八步区南乡镇，面积 9224.4 公顷，蓄积 1125313 立方米；姑婆山水源林自然保护区位于姑婆山林场（自治区级自然保护区），面积 6549.6 公顷，蓄积 406491 立方米；富川瑶族自治县西岭山水源林自然保护区（县级自然保护区）位于富川朝东镇的高宅村、石林村，城北镇的泗源村、富阳镇的洋溪村、涝溪村和柳家乡的大湾村，该保护区面积 20073 公顷，蓄积 803000 立方米；七冲自然保护区位于昭平县文竹镇。

姑婆山风光

（三）矿产资源

贺州市山多平原少，矿产资源丰富，已发现的矿产有 60 多种，大部分矿产已探明储量。金、锡、钨、铅、钛铁、花岗岩、大理石、稀土、铅锌等矿储量较多。

金矿主要分布在昭平，探明储量 16000 多千克；锡矿分布在钟山、富川，探明储量 43000 多吨；大理石则主要分布在富川－平桂管理区望高镇水岩坝一带，总储量在 18 亿立方米以上；花岗岩则分布广、储量大，贺州各县（区、管理区）内均有分布，初步探明储量在 50 亿立方米以上。贺州石材资源丰富，光大理石品种就有白色、灰白色、黄白色、灰黑色、黑色等类型，拥有华南地区最大的汉白玉大理石矿山资源。经过几十年的发展，贺州大理石石材工业已经具备一定规模，白色大理石石材生产量进入全国前五名。我国"四大石材加工基地"之一的广东云浮市，在其处加工的大理石原材料大部分产自于贺州。

广西碳酸钙千亿元产业示范基地（西湾工业园区）石材加工企业

四、今日贺州

2000多年来，八步区一直是贺州所辖区域的政治、经济、文化中心，先后有临贺、贺县、八步等称谓，是2002年地级贺州市成立后市委、市政府所在地。

八步区的前身贺县，始建于公元前211年。因境内有临水、贺江，名为临贺。明代撤州为县，称为贺县。辖区内有5个城镇曾经是历史上建制县的县治所在地，它们分别是原临贺县（今贺街镇）、封阳县（今铺门镇）、信都县（今信都镇）和建兴县、兴安县、桂岭县（今桂岭镇）和今天八步区人民政府驻地八步街道（原八步镇）。

1949年贺县解放，1951年，贺县与原信都县合为一县，贺县县治从临贺城迁往八步镇。此时的贺县与钟山、富川、昭平三县同属平乐专区。1958年后划入梧州专区，行署在梧州市。直到1997年2月，国务院批准贺县撤县设市，原梧州地区更名为贺州地区，贺州地区行政公署驻地设在原县级贺州市，贺州地区驻地从梧州市搬迁到县级贺州市，管辖贺州市（县级）和钟山县、富川瑶族自治县、昭平县。

原贺县八步镇照片

（一）撤地设市

2002 年 6 月份，经国务院批准，贺州地区撤地设市，成立地级贺州市，辖三县一区，包括八步区（县级贺州市更名）、昭平县、钟山县、富川瑶族自治县。共有 61 个乡镇和街道办事处，人口 220 万。地级市的设立标志着贺州从此进入新的发展阶段，面临良好的发展机遇。

2007 年 4 月，广西壮族自治区人民政府正式批准成立贺州市平桂管理区，至此贺州市辖三县二区。

至 2011 年底，贺州市的建成区面积达 32 平方千米，比 2002 年的 15.23 平方千米，扩展了 16.77 平方千米；城区人口也由 2002 年的 11 万人，增长至 2011 年的 28.3 万人。

（二）高起点规划城市

撤地设市后，贺州市一直重视城市规划，通过高起点科学抓好城市规划推动城市建设的快速发展。撤地设市初期，贺州市委、市政府着眼"一张白纸好作画"的实际，以及人民群众迫切希望改变城市面貌的愿望，把城市发展作为重要中心工作来抓。市委、市政府审时度势，在进行充

现贺州市城区（部分）

贺州城市规划图

分调研的基础上，提出了贺州城市建设的各阶段工作重点；提出加快推进"三化两业"，"一年打基础，两年一小变，三年一中变，四年一大变，五年创新城"的城市建设目标；提出"在以城市经营为抓手的城镇化发展上实现新突破"的发展战略；紧紧围绕把贺州建设成为特色更为鲜明、功能更为完善、环境更加优美的区域性中心城市的目标，高起点抓好城市规划，高标准推进城市建设，大力强化城市管理，着力打造新型城市品牌，努力营造宜居环境，稳步推进城镇化水平。2003 年在原县级贺州市城市发展总体规划的基础上，重新出台贺州市城市总体规划，并在原县级贺州市大规模进行城市建设的基础上，加大城市基础设施、公用设施等建设投入，使得贺州市的城市建设基础夯实，速度加快。市政府先后委托清华大学城市规划设计院、同济大学城市规划设计研究院等单位重新编修了贺州市总体规划、贺州城镇体系规划，编制了江南新区控制性详细规划以及贺州姑婆山旅游城、路花旅游镇详细规划。组织专家重新对迎宾大道、贺州大道、八达西路、平安东路等道路进行设计，统一城市的建筑风格。2005 年，围绕着"统一建新城"的目标，不断推进现代化全面发展，编制贺州城市居民住房建设、城市人民防空建设、商业网点规划、消防设施、公共厕所和垃圾中转站等城市相关规划；编制了市职教中心、汇豪国际城、远东国际城、中华园和帝景湾等 148 个项目的修建性详细规划和太白湖片区、火车站片区、旧机坪控制性详细规划。2007 年后，修编完成了《贺州市城市总体规（2009—2012）》，完成了贺州城市亮化工程规划、绿地系统转向规划、太白湖片区控制性详细规划等 32 个详细规划以及太白湖公园建设规划设计、城市道路转向规划和城市排水专项规划等。2008 年，随着城市建设功能逐步完善、框架不断拉大，市委、市政府审时度势，提出了紧紧围绕打造"森林之城、田园都市"，建设"广西门户之城、桂东北中心城市、桂粤湘交通枢纽、珠三角新明珠"的战略构想。2009 年又组织修编了《贺州市城市总体规划（2009—2030）》，并通过了自治区人民政府组织的厅际联席会议审查，获自治区人民政府批准实施；2009 年实施城市建设大会战后，贺州的城市框架进一步扩大，发展进程不断加快。近年，贺州市委、市政府又委托

贺州城区沿贺江而建的商住小区

上海同济城市规划研究所编制了贺州城市风貌规划，编制了江南新城、太白湖公园周边地区城市设计，以提高城市档次，为贺州城市建设创造了有利条件。2011 年，贺州市东片区、江南片区、西片区、贺州城北火车站片区、电子科技园区、桂台客属文化示范区、平桂管理区核心区等 7 个控制性规划，均获市人民政府批复实施。至此，贺州市已完成城市规划区控规编制 65.81 平方千米，控制性规划覆盖率占中心城区面积比例达 84.37%，2012 年实现 100% 全覆盖。

2011 年后，市委、市政府站在新的历史高度，对贺州城市建设进行了定位调整，围绕把贺州建设成为"全国循环经济示范区、广西新兴工业城市、桂粤湘区域性交通枢纽、华南生态旅游名城"的发展定位，加快建设"一江两岸三新区"，努力构建"贺八平钟一体化"，全面实施城市建设大会战，进一步加强城市规划建设，提高城市经营管理水平，城市面貌发生了巨大变化，城市建设突飞猛进，实现了量的扩张和质的提升。贺州市城镇化率由 2003 年的 25.69% 提高到 2011 年的 37%。至 2011 年底，贺州市的建成区面积达 32 平方千米，比 2002 年的 15.23 平方千米，扩展了 16.77 平方千米；城区人口也由 2002 年的 11 万人，增长至 2011 年的 28.3 万人。

2012 年后贺州市委、政府认真贯彻落实中国共产党第十八次全国代表大会精神，提出并围绕打造"华南生态旅游名城"、"粤港澳后花园"和全国知名生态旅游休闲养生养老示范区的发展目标，着力推进绿色发展、循环发展、低碳发展和可持续发展，努力打造贺州经济"升级版"和贺州发展"升级版"，建设美丽贺州和实现全面建成小康社会的进程不断加快。

（三）发展成果凸显

在公共基础设施发展方面，贺州市在新的城市总体规划和绿地、道路、排水等专项规划的指导下，城市基础设施建设快速发展。建成了南环路、光明大道、火车站站前大道等项目；新建、改建了贺州广场、灵峰广场、文化中心、太白湖公园；新修了市人民医院门诊综合大楼、新汽车客运站、体育运动中心；搬迁新建了贺州高中、扩建了贺州第二高中、新建了贺州学院新校区；综合整治贺江，改扩建了关乎市民利益的生产生活、医疗卫生、文化体育、交通通信等公共设施项目，使整座城市的市政公共设施服务功能覆盖到新老城区的方方面面。

另外，贺州市积极推进建筑企业转型升级，扶持重点建筑企业做大做强，全市建筑业企业总体水平不断提升。据不完全统计，2006至2010年，贺州市建筑业总产值达到43.5亿元，同比增长322.2%。城区公建项目报建总额达到38.73亿元，建筑面积361.85万平方米。现全市建筑业企业达53家，其中贺州市广厦建筑安装工程有限公司升级为房建一级企业，实现了贺州市建筑企业"零的突破"。全市各建筑企业严格落实"一岗双责"制度，深入开展"安全生产年"活动，进一步整顿和规范建筑市场秩序，建设工程质量安全水平稳步提升。

反映一座城市的发展水平和建设档次，除建成区面积外，最立体直观的标志就是建筑物的高低和人口数量聚集的多少。十年前的贺州城区，说到底还只是一个县级市的驻地镇，城市发展的能量十分有限。撤地设

贺州广场

贺州城区灵峰广场

市后，房地产企业不断增加。建市之初贺州市房地产开发企业共 16 家，注册资金约 3000 万元；至 2013 年底，贺州市各类房地产开发企业已发展到 113 家，注册资金 12.5 亿元。尽管住房的刚性需求还比较旺盛，但以目前贺州的城区人口计量，含在建楼盘以及政府主导建设的经济适用房、廉租房、公租房在内，贺州市民基本可以达到"居者有其屋"的目标。

实施风貌改造和危房改造，让民心工程暖民心。按照高起点规划、高质量建设、高效能管理的要求，贺州市从 2010 年起，用三年时间分三期工程组织实施城乡风貌改造。2010 年，完成了 10018 户房屋外立面改造和八步区贺街镇西南村新兴寨等 15 个自然村屯的综合整治。2011 年，对列入广西特色名镇名村建设的昭平县黄姚镇、富川县朝东镇秀水村和福溪村开展立面改造和环境综合整治，完成了 1610 户房屋外立面改造任务。此外，自筹资金 1.3 亿元开展了昭平县、钟山县两座县城和八步区信都镇等 14 个重点乡镇的风貌改造工作。2012 年，贺州市以建市十周年大庆为契机，实施市中心城区风貌改造，重点抓好建设

城乡风貌改造使八步区乡村更加秀丽怡人

路、太白路、贺州大道、南环路、光明路、姑婆山大道等路段两侧主要街道的房屋外立面改造工作。通过实施城乡风貌改造，使贺州城市建设的地方特色更加突显，基础设施更加完善，整个

黄姚古镇新街立面改造后的民居

城镇面貌一新，档次和水平上了新台阶。农村危房改造方面，2010年完成农村危房改造13000户；2011年完成第一批、第二批农村危房改造任务合计18400户；2012年消除农村茅草树皮房任务693户，目前已全部完成，第二批农村危房改造任务合计为16400户，也基本竣工。通过农村危房改造，贺州市边远地区农村群众结束了居住危房的历史，居住条件明显改善，彰显了党和政府对最弱势、最困难群体的关爱之情。

撤地设市以来，贺州市先后制定了《贺州市建设用地容积率规划管理规定（试行）》、《贺州市城市规划区范围内建设项目规划和用地审批管理办法（试行）》、《贺州市城市规划区多层建筑规划设计有关规定》、《贺州市城市规划区范围内建设项目征地拆迁补偿标准》、《贺州市城市规划区范围内征地及房屋拆迁补偿安置办法（试行）》、《贺州市城市规划区范围内及其他单独选址建设项目和土地收储征地拆迁费用包干使用规定（试行）》、《贺州市太白湖片区房屋拆迁补偿安置工作方案》等一系列有关城市规划建设管理制度，提高了城市规划建设管理和依法行政水平。《贺州市城市规划区旧城区旧房改造管理规定》、《贺州市城市规划管理技术规定》、《贺州市城市规划区农民建房审批管理规定》正在制定中。

由于国家有关规划的实施，贺州这座过去交通严重滞后了两千多年的新兴城市，迎来了交通发展的大机遇。2009年6月，随着洛（阳）湛（江）铁路的修建，贺州终于通了火车，正在修筑的贵（阳）广（州）高速铁路将于2014年底通车，柳（州）韶（关）铁路，也将从贺州经过；桂（林）梧（州）高速、广（州）贺（州）高速已经建成通车，永（州）贺（州）高速将于近年建成通车。贺州至来宾高速公路、信都至梧州高速公路等项目的前期工作也将展开。

贺州支线机场也已列入"十二五"规划，正在紧张地筹建阶段。随着"五高三铁两江一机场"的修建，市区建成城区面积不断扩大，城区主、次干道贯通成网，高楼大厦鳞次栉比，市政设施不断完善，城市人口持续增长，商业氛围逐渐浓厚，贺州，这个昔日偏僻的八步小镇，正以一座中等城市的规模展现在世人的面前。

撤地设市，贺州经济获得快速发展。2002年，贺州全市完成国内生产总值108.98亿元，工农业总产值158.93亿元，全社会固定资产投资完成12.51亿元，全市的财政收入只有6.26亿元，实际利用外资才1807万美元，三产业的结构比为39：27：34，城镇居民的人均可支配收入为 7030 元，农民的人均纯收入仅有 1792 元，旅游接待人数达 124.6 万人。而 2012 年，贺州全市完成地区生产总值 394.21 亿元，财政收入 32.04 亿元，全社会固定资产投资 591.58 亿元，全社会固定资产投资增量近三年连续保持在 100 亿元左右，完成工业总产值 403.8 亿元，其中，规模以上工业总产值 303.5 亿元，第二产业占地区生产总值的比重已突破 46.6%，社会消费品零售总额 106.38 亿元，城镇居民人均可支配收入 19855 元，农民人均纯收入 5823 元，接待国内游客 785.12 万人次，实现旅游总收入 72.59 亿元。2013 年，共引进外来投资项目 459 个，新签项目投资总额 312.35 亿元，实际到位资金（含续建项目）312.99 亿元。

撤地设市以来，市委、市政府抢抓发展机遇，开拓进取，真抓实干，贺州市发生了翻天覆地的变化。老百姓切身体会着出行方便快捷，生产生活的环境得到明显优化，生活水平持续提高，居住条件切实改善。随着"十二五"规划的逐步实施和贺州向着未来十年奋斗目标的迈进，贺州的城市发展将会续写新的篇章。

（四）对外交通

贺州市处于桂、粤、湘三省区的交界地，历史上有"三省通衢"之称。距桂林 170 公里，距广州 260 公里，是湘、黔、贵旅游和货物出海的便捷通道。国道 323 线和 207 线贯穿全境，洛（阳）湛（江）铁路、广（州）贺（州）高速公路、桂（林）梧（州）高速公路和永（州）贺（州）高速公路经过贺州。

其中，洛湛铁路北起河南省洛阳市，南至广东省湛江市，是中国"八纵八横"铁路干线之一，是中西部地区至华南地区及沿海地区深水港口的重要出海通道。洛湛铁路广西段北端途经贺州市所辖的富川、钟山、八步，梧州市所辖的苍梧、岑溪，线路经过南岭山脉中段紫金山、大桂山、小平山三大分水岭，跨越潇水、贺江、桂江、浔江等河流，总长 380 公里，投资约 84 亿元。2004 年 12 月 15 日兴建，2008 年 12 月 31 日铺通，

1 洛湛铁路贺州段   2 广贺高速公路   3 桂梧高速公路

2009 年 7 月 1 日起先行开通货车运输，2009 年 9 月 9 日开通梧州至南宁段客运，9 月 28 日，开通南宁至贺州、桂林至贺州、湛江至上海南、湛江至洛阳客运，10 月 10 日，开通湛江至武昌客运，每天可运送旅客 1.3 万人以上。

另外，粤桂黔交通大动脉——贵（州）广（州）高铁贯穿全境，设有钟山西、贺州、贺街等站，预计 2014 年底建成通车，届时贺州将全面迈入高铁时代。

207、323 国道和三条省道干线贯通境内；桂梧高速公路从桂林经贺州至梧州已经通车；正在动工建设的汕头至昆明高速公路也都穿过贺州市；2008 年下半年，桂林至贺州高速公路已全线贯通，贺州到桂林两江国际机场仅须 2 小时；2009 年底，广州至贺州高速公路也全线贯通，贺州到广州白云机场仅须 2.5 小时；湖南永州至贺州高速公路已经动工；2014 年底，贵阳经贺州至广州高速铁路将通车，贺州的交通优势将进一步凸现，真正成为"桂粤湘三省区交汇的区域性交通枢纽城市"。贺州经高速公路 2.5 小时、高速铁路 1 小时即可抵达广州，使贺州融入珠三角 2 小时经济圈，实现当日可往返香港与澳门。

323 国道有着一段不寻常的旧事，它不仅历尽沧桑，在抗战时期更是一条英雄的交通生命线。抗战时期，323 国道作为一条战备路，也是广西经济的命脉交通线，更是中国通向东南亚的出口通道。当时广西八步锡矿产量占全国 63%，由于锡业的发展，国民党政府便积累资金发展八步工业区。而日军当时策划广西会战，以切断中国通向海外的最大交通补给线。323 国道是日军破坏和切断的主要公路，其中的贺联路是最重要的一段。在抗日战争最艰难的时候，八步锡矿从贺联路运出缅甸，再转运香港和东南亚各国。贺县及其附近周边地区使用的生产工具、生活用品都是由此通道输入。

由于这条道路的重要性，美国飞虎队战斗机也时刻守卫着，日夜派战机巡逻。日军更是密切关注这一路段的动向。日军为了彻底摧毁这条道路，凡侦查到路面车队和附近河面船只经过，便会立即投弹轰炸、俯冲扫射。

1944 年，随着战事吃紧，国民党政府下令破坏贺县公路，并准备撤离。而当贺县被日军占领时，贺县政府下令破坏全县所有的公路、桥梁，贺联公路也遭到破坏。后来，因有国民党部队军车和美国车队经过，军民立即把路修好。车队一经过，马上又把路面毁坏，如此反复。

贺联路就是我们今天所熟悉的 323 国道其中的一段，在抗战时期发挥着大动脉的作用，确保了各种军用物资和各国援救物资不断地输送到各地战场，为抗战的最后胜利发挥重要作用。后来，贺县周边地区被日军占领后，为了阻止日军侵入，才不得不摧毁大桥。1947年，该路段得到了恢复，1949年国民党溃退时，该路段再次被国民党摧毁。贺联路就是这样经过反复无数次的修建、摧毁、再摧毁、再修复的风风雨雨。

贺州水运以贺江贺州港－信都和桂江昭平－梧州作业区为主，贺江南流至封开汇入西江，桂江南下直通梧州口岸，沿江而下一天便可抵达广州和港澳等各港口。贺江、桂江绿色水运通道建设已纳入广西西江黄金水道建设项目。

贺州港昭平作业区

第二章

多彩贺州

贺州位于桂湘粤三省区交界处，地理位置独特，中原文化、百越文化、湘楚文化等多种文化在这里交汇，特殊的历史文化造就了贺州众多的人文景观和名胜古迹。

贺州民族风情多姿多彩，瑶族"盘王节"、"情人节"、"打油茶"、"长鼓舞"，壮族"三月三"、"庙会"、"炮期"、"舞火猫"等古朴奇异的民风民俗，令人陶醉；贺州客家文化底蕴深厚，客家围屋、客家山歌、客家舞蹈等独具特色。

贺州境内有国家级、自治区级重点文物保护单位10多处。有集自然风光、人文历史、古建筑群于一体，素有"梦境家园"之称，被评为"中国最具有旅游价值古城镇"、"中国最值得外国人去的50个金奖景区之一"的中国历史文化名镇黄姚古镇；有客家围屋、被誉为"宋明清民居博物馆"的秀水村以及有2000多年历史、被列为中国重点文物保护单位的临贺故城等名胜古迹。

一、民族融合

贺州自古以来就是一个多民族聚居的地区，少数民族风情浓郁。贺州市民族主要有汉族、瑶族和壮族，另外还有苗族、回族、满族、侗族、仫佬族、蒙古族、布依族和水族等15个民族。

根据《贺州市2010年第六次全国人口普查主要数据公报》显示：全市常住人口中，汉族人口为163.09万人，占83.46%；各少数民族人口为32.32万人，占16.54%。

从族群的角度看，贺州的居民大约分为20个以上族群。在贺州，汉族分为本地人、客家人、铺门人和九都人四大支系。本地人主要聚居于大宁、桂岭、开山、大平、水口、步头和贺街等乡镇。有关研究表明，本地人主要是明朝时期闽、浙、赣、湘、粤等地移民的后裔，占贺州市汉族人口的42%；客家人占贺州市汉族总人口的33.8%，均为清朝康熙时期以后来自广东梅县、揭西、揭阳和五华等县移民的后裔，因语言和习俗的差异分为河源、河婆和长乐三个支系，主要聚居于莲塘、沙田、公会、桂岭和黄田等镇，其余分布于除铺门镇之外的贺州市各镇；铺门人约占汉族总人口的11%，主要聚居于铺门镇，其祖先大约在明朝初年由珠江三角洲地区辗转移居而至；九都人大多数散居于八步、黄田和鹅塘等镇，环绕贺州城区居住，约占汉族总人口的4%。据九都人的族谱记载，九都人的祖先是从湖南和江西移居贺州的。

本地方言的多样性也体现了贺州多元文化的独特魅力。从语言上讲，贺州地跨浔江南北两岸，处于白话（贵南次方言）与西南官话（桂柳话）交汇处。特殊的地理环境带来地区语言的多样性，除广西主体汉语方言白话（即土粤语）、官话、客家话外，其他汉语方言还有十几种之多。其中还有系属不明的汉语土语，这是由于来自不同地区的各种移民与当地土话长期渗透融合而形成，有的流行范围很小，有的隔村不同语，甚至存在一村之中有几种方言的有趣现象。另外，由于贺州自古以来便是商贸云集之地，讲各种方言的人大杂居，能讲多种方言的人比比皆是。如：客家人除了会讲客家话外，一般都能讲白话、西南官话、普通话和当地土话。汉语方言占主流的是白话、官话和客家话。白话覆盖面积最广，会讲白话的人也最多；官话的覆盖面积次之，然后便是客家话，九都话讲的人不多；而少数民族语言则主要是瑶话和壮话两种。因此，贺州也有"方言博物馆"之称。

二、瑶族风情

贺州位于南岭地区中心地带，是瑶族人口的集中聚居地。贺州瑶族人民在长期的生产生活中积淀形成了自己深厚质朴、绚丽多彩的民族文化，贺州瑶族民间文化丰富多彩，具有浓郁的民族风情习俗。瑶族同胞能歌善舞，有如史诗般的《盘王大歌》；有被乐界称叹的富川平地瑶二声部蝴蝶歌；有闻名区内外的富川芦笙长鼓舞和钟山县羊角舞；有现今仍广泛在民间流传的瑶族土法织布和手工瑶绣；还有大量的瑶族民俗活动、民间文学、民间音乐、舞蹈、戏剧、工艺美术、民间节庆等。

（一）礼仪

瑶族人民热情好客。凡是进入瑶家的客人，都会受到尊重和热情款待。饶有风趣的"挂袋子"与"瓜箪酒"，是瑶家待客的典型礼节。客人到了瑶家，只要把随身携带的袋子往堂屋正柱的挂钩上一挂，就表示要在这家用餐。不用事先说明，主人自然会留客人在家里就餐。如果不懂这个规矩，老把袋子等物放在身边，主人就认为你还要到别处去，吃饭的事往往落空。

瑶族对祖先很尊敬，习惯在进餐之前先念祖先几辈姓名，表示祖先先尝后子孙才能受用。每逢节日必备猪肉、鸡、鸭和酒等祭拜祖先。吃饭座次也有讲究：老人和尊贵的客人须坐上座。遇有客人，要以酒肉热情款待，有些地方要把鸡冠献给客人。瑶族在向客人敬酒时，一般都由少女举杯齐眉，以表示对客人的尊敬；也有的以德高望重的老人为客人敬酒，被视为大礼。

1 平桂管理区鹅塘镇土瑶姑娘向客人敬酒
2 平桂管理区鹅塘镇土瑶男子敬酒

东山瑶男女吹奏乐器迎接客人

　　瑶家待客慷慨大方，彬彬有礼。腊肉、山珍野味和土特产，是瑶家待客最常见的菜式。客席上，金黄厚实的腊肉奉为上品，主人会热情地把大块腊肉夹给客人，客人不管喜不喜欢，都应当接受，这样主人才会高兴。

（二）服饰

　　瑶族过去因其居住和服饰等方面的特点不同，在风俗习惯方面一直保持本民族传统特点，尤其在男女衣着上更为明显。瑶族妇女善于

八步区东山瑶男女服装

八步区西山瑶女子服饰

1 钟山县两安瑶族乡平地瑶男女装　2 平桂管理区鹅塘镇土瑶妇女服饰
3 昭平县富罗镇包帕瑶男女服装

刺绣，在衣襟、袖口、裤脚镶边处都绣有精美的图案花纹。男子则喜欢蓄发盘髻，并以红布或青布包头，穿无领对襟长袖衣，衣外斜挎白布"坎肩"，下着大裤脚长裤。瑶族男女长到十五、六岁要换掉花帽改包头帕，标志着身体已经发育成熟。

（三）节日与习俗

长桌宴：土瑶青年结婚时不拜堂，无八音，只办喜酒。男家在新娘过门的头天夜里设筵，请六客房（新郎的亲朋宾客）饮宴。客人入席酒过三巡，便唱歌互相敬酒，边吃边唱，不休不歇，总不离席，困倦了只趴在桌边小憩，醒来后又投入唱和吃。筵席亦长设不撤，只调换热酒菜。

第二天送新娘过门的亲家客（新娘的亲朋宾客）队伍临门，即参加长饮，直至第三天上午客人辞去。宴间，姑娘和小伙子会入席佐酒助兴。

平桂管理区鹅塘镇土瑶长桌宴

姑娘陪男客，小伙子陪女客。密密围坐，互喝交杯酒，有时佐酒者会有意以大块肥猪肉敬客，客人如不领情，他们则先自食一小口，将余下的一大半强行喂入客人嘴里。男女青年入席陪酒，使气氛活跃。

钟山县两安乡瑶族打油茶

盘王节：盘王节是瑶族最为隆重的纪念祖先的节日，又称为"还盘王愿"。各地时间不固定，由师公择吉日举行，一般选在农历十月以后，多集中在农历十一、十二月。各地"还盘王愿"形式不同。典型的要请还愿师、招禾师、赏兵师、五谷师4位师公和歌娘、歌师、长鼓手、唢

呐手等艺人以及 6 位童男童女，还有厨官、厨娘等参加。整个仪式要进行 3 天 3 夜或 5 天 5 夜。仪式主要分两大部分：第一部分主要是招禾、祭五旗兵马、引禾归仓、祈求保佑来年丰收；第二部分主要是请瑶族祖先盘王同瑶族人民一齐欢庆节日，瑶语称作"围堂"。"围堂"时，长鼓艺人表演 36 套长鼓舞；歌娘带着童女与歌师带着童男互相对歌，唱 24 段或 36 段盘王大歌以庆贺盘王。

1 瑶族还愿仪式
2 昭平县富罗瑶族度戒上刀山仪式
3 2009 年贺州盘王节开幕式瑶族长鼓舞表演
4 2009 年贺州盘王节开幕式场景

　　富川炸龙：富川瑶族自治县正月十五元宵节上的舞龙表演，是一种最原始的肢体舞蹈，那一条条舞动的长龙，一串串炸开的鞭炮，如潮般涌动的人流，无不令人热血沸腾，每一个亲历过的人都会是终生难忘的。

富川瑶族自治县元宵炸龙场面

　　从正月初十至十五，一连几天，富川古明城神楼里从早到晚香火缭绕，人声鼎沸，楼下的花街鞭炮声不绝而耳，喜庆气氛十分浓郁。按照传统习俗，在上灯期间，新添丁的户主会连

富川瑶族自治县正月初十"上灯节"

续几天宴请亲朋好友和整条街道的男女老幼，街坊邻里则敲锣打鼓和舞龙舞狮以示庆贺，人们都沉浸在节日的欢乐中。每天傍晚，人们酒足饭饱以后，都到街上看舞龙和炸龙。有时是几条龙一齐串街起舞，龙舞到哪里，鞭炮声就响到哪里，看热闹的人们更是里三层外三层围得水泄不通。一条条游龙飞奔着跑了过来，鞭炮声越来越密，成千上万的观众追着游龙看热闹。舞龙的小伙子们一身黑色紧身装，头上裹着头巾，脸上戴着口罩，裤脚扎紧，双手高举龙身，不断地舞动着，巧妙地避闪着从四面八方甩来的鞭炮。围着龙身团团转的是那些一手提着鞭炮，一手持着点燃神香的炸龙者，追逐着龙身跑，一有机会就将点燃的鞭炮向龙身

猛甩过去，有时是四面八方一齐开火，让舞龙者没有丝毫喘息的机会，观众更是人山人海。

（四）物质和非物质文化遗产

贺州市委、政府十分重视瑶族文化遗产保护传承工作，目前已列入国家非物质文化遗产名录的项目有瑶族盘王节、瑶族长鼓舞、瑶族服饰、蝴蝶歌 4 项；列入国家级文物保护单位的有富川瑶族自治县的马殷庙。还有自治区级非物质文化遗产八步瑶族医药、瑶族凿花、贺州瑶族盘王大歌、瑶族溜喉歌 4 项；市级瑶族非物质文化遗产有 16 项。贺州市建立了三个瑶族非物质文化遗产展示场馆：一是富川瑶族自治县瑶族博物馆，展出瑶族同胞的传统文化和与之相关的实物；二是贺州市博物馆瑶族服饰展示厅和黄洞瑶族乡瑶族文化展览馆，展示丰富多彩的瑶族风情和各种各样的瑶族服饰。贺州市还在富川瑶族自治县的白沙镇黑山村、莲山镇大莲塘村、富川瑶族自治县第二小学建立了三个《瑶族蝴蝶歌》传承保护基地；在富川瑶族自治县新华乡大井村、虎马岭村、新华初中建立了三个《瑶族长鼓舞》传承保护基地；在八步区黄洞瑶族乡中心小学建立了瑶绣培训基地。

三、客家文化

贺州市是一个客家文化浓郁的城市，全市有 60% 的人口用客家话进行语言交流。贺州是广西客家人的主要聚居区之一，占全市总人口三分之一的 80 万客家儿女与壮、瑶、苗等众多民族聚居。根据考证，贺州客家人于明末清初、清代中期、清朝末年分三次从广东梅州、揭阳、河源等地迁入，现在主要有长乐、河婆、河源三个支系。主要有李、张、黄、廖、刘、陈、王、谢、吴、叶、贝、邱、温、曾、江、杨、胡、罗等大姓。

贺州客家族群在分布上最显著的特点是大杂居、小聚居，周边居住着为数众多的瑶、壮族。贺州客家族群长期与瑶、壮等兄弟民族（或

1、2 客家文艺队在演出　　3 贺州举行原创客家歌曲大赛

族群）聚居生活，由于发展历史和生态环境的不同，经过长期的文化涵化，贺州客家族群在多方面形成了自己的一些特点。客家与瑶、壮的文化涵化是多方面的，据相关资料表明，语言、风俗习惯和民间信仰尤为明显。近年来，贺州市充分利用丰富的客家文化资源，积极挖掘客家文化资源，积极发展客家文化旅游，使贺州的客家文化旅游在广西独树一帜。

（一）语言

语言是人类用以表达思想相互交流的工具，是一个民族（或族群）文化的重要组成部分，也是构成民族（或族群）的要素之一。而民族（或族群）的融合和同化，往往首先从语言的同化开始。瑶语、壮语被客家族群接受与吸收的过程是缓慢的。究其原因，一是客家语言具有自身的稳固性。大致形成于宋代的客家话，有自己的语音、词汇和语法系统。二是客家族群对本民系的语言具有强烈的认同意识，"宁卖祖宗田，不丢祖宗言"是客家族群用以教育后代的祖训。因而，在一般的民族（或族群）交往中，客家族群很难改变其语音、词汇和语法中的要素。所以，迁居贺州后，客家族群出于生活环境的需要或压力，部分或全部接受瑶语、壮语。前者指操瑶客（或壮客）双语，在不同场合使用不同的语言，后者指完全放弃客家话，改操瑶语、壮语，其中绝大多数属于前者。客家族群学习使用周围民族（或族群）的语言，进而融洽了民族（或族群）关系，这种出于生存的需要，使固守本民系语言的客家族群不得不作出选择。客家话词的来源是复杂的，既有来自洞庭苗蛮语言，也有土著原住民即古代百越后裔的语言。客家话的形成是多元一体的产物。如果把客家话看作是一个多层装置的结构，那么，最底层的是壮侗语，中层的是苗瑶语，最上层的则是北方汉语。苗瑶语和北方汉语是外来的，只有壮侗语才是真正的土著。

（二）客家风俗

俗话说：入乡随俗。客家族群迁徙到瑶乡、壮乡后，为了与瑶族、壮族睦邻安居，融通关系，必须尊重和遵循瑶族、壮族的一些风俗习惯，久之，瑶族、壮族的一些风俗习惯如饮食、节庆、丧葬、宗教习俗，也就成为客家族群的习俗及其文化的组成部分。

哭嫁：贺州客家族群至今仍然保留着古朴淳厚的婚姻习俗，体现出中原古风与岭南民俗融合的鲜明特色。哭嫁是客家族群结婚礼仪中常见的，过去男女结婚多是由父母之命、媒妁之言而定，女方根本不了解男方情况。所以，妇女把出嫁视为生离死别，遂形成了哭嫁的习俗。新娘在出嫁前几晚邀请好姐妹来伴宿，哭诉即将离开父母亲友之情。同时也哭骂媒人的油嘴滑舌、有眼无珠等，出嫁当天还要在自己家的正厅哭唱对祖宗、父母、叔伯、兄姐的教养之恩，然后才出门上轿。

转三朝：即是客家人的新出嫁女"回门"，"回门"是新娘过门后第一次回娘家。客家人的出嫁女婚后第三天由新郎伴回娘家，俗称转三朝。新娘第一次回娘家与以后的回娘家有着完全不同的意义，因为此次回娘家须有新郎同回，以表谢意。谢什么？当然是谢岳父母家养大了一个好闺女。婚前新郎未必了解新娘，是好是歹，一要揭了盖头才知道，二是要过了洞房花烛夜才知道，三是要下厨做了事才知道。哪个新郎要是通过这三关，知道妻子是个漂亮、贤惠、贞洁、能干、知书达理的好女人，那不知会有多高兴。由此可见，回门对于女婿或岳家都是十分重要的一件大事。

捡骨葬：捡骨葬（二次葬）是客家族群普遍流行的一种葬俗。人死埋葬三年左右，再掘开墓冢开棺取出尸骨，装入金坛封好，另择吉地再葬，俗称捡骨葬。程序大约是：请道公择好二次葬的风水宝地后，再看好吉时，先由子女恭请死者起身，然后自上而下依次把颅骨、骸骨一一捡出，用棉纸或破布拭擦干净，再按先下肢后上肢的次序装入金坛，直接送到择好的二次葬吉地安葬。

尚巫：贺州客家族群如今仍盛行女巫，俗称仙婆麻。如八步区莲塘镇，距县城只有几公里，就有三王庙、立琴庙、观音庙、天后宫等庙宇，每个庙宇都供有神，而每神都有一转世仙童代其行事，这一仙童由一女巫（仙婆）充当，客家族群俗称"童身"。仙婆往往由一妇女在突然得病后，称其是某庙神附体，接着就请其他仙婆帮其在家立一仙坛，其病不治自愈。于是此仙婆就可以代神行事，给人问仙、占卜，甚至治病，仙婆为了取得正统地位，必须经过正式度戒，接受客家师公的引度，要上3丈之高、有33把刀的"刀山"，要踩过用1米宽、40公分厚的火炭烧红的火炼，用手下煮沸的油锅捞鸭子，用铜钉做成的钉钟打身等严酷的考验，方能成正果。有趣的是，往往一座庙神，附近几个村寨同时或一段时期内先后出现几个仙婆，都自称为真"童身"，让群众难辨真假。于是村民就筹资为庙打醮，立"刀山"、烧火炼，让几个仙婆同时接受考验，谁上得"刀山"，过得火炼而不受伤，谁就是真"童身"。仙婆们手执驱邪铜剑，口喃神歌，边歌边舞，非常热闹。在此期间，一些著名庙宇的仙婆，有些还要坐着刀轿前来醮坛庆贺，以示自己的本领高强，刀轿由锋利的九把大刀组成，仙婆坐着刀，背靠着刀，手扶着刀，手摇着刀。贺州客家族群有仙婆、道公，但都不是专职的。仙婆主要是以替人看病为主，以敬神、请神、问仙、画符、焚符、驱邪、收惊、服药等仪式来治病。道公则专给有衰事的人家驱邪。驱邪的仪式主要是过火炼，道公头缠红布，手执香竹（也叫引魄竹），口咬烧红的犁头铁块，带着死者家属赤足踩过十米长的火炼。传说以前有些客家族群的道公能用巫公术使油灯悬挂于墙壁。

打醮：客家族群打醮习俗与当地人相似，每3至5年举行一次，由一个村或一个地区村寨共同在社期庙会进行，以捐钱多少来推选出主缘、大会缘、大结缘各一人，负责打醮具体工作。其他杂工则抽签决定，如抽到煮饭签的，就专门负责煮饭。客家族群打醮进行5至7天，主要是祭祀祖先。打醮期间还请来剧团演大戏，热闹非凡，商人在此时生意亦兴隆。

开春节：贺州市客家人以农历二月初二为"开春节"，这天各家各户备筵席，招待"越来越旺"的客人。以平桂管理区黄田镇最为热闹，节日当天全镇大街小巷张灯结彩，并有舞狮、舞龙、跳舞、唱戏、抢花炮、文艺游行等丰富的文化活动，家家宾客盈门、酒席丰盈。至今，客家后嗣秉承祖籍文化特征，凡遇二月二便要举行"穿龙尾"活动，即用谷草、麦秆、彩纸、篾条等材料扎成龙形，以高昂的龙头、雄健的龙尾造型，分别悬在广东馆（南华馆）及祠堂的屋脊上祭祀，以祝贺龙抬头节。如今时届二月二，不少客家人照例或用水或用灶灰在地上画龙形，嘱咐小男孩这天理发，祈愿发蒙的娃娃沾龙之灵光。其讲究的俗信妇女尚在这天不纳针缝衣，蕴意"勿刺伤龙眼"。节令是日，客家人必食挂面，名曰"龙须面"；啖元子，谓之"苍龙蛋"；吃黄豆，称为"嚼蝎子"，无不显现龙之饮食文化。年复一年，沉浸在龙抬

1、2 平桂管理区黄田镇"二月二"开春节热闹场景

头节的客家人，以祭祀呈祥纳福的神灵之龙，祈盼风调雨顺，衣食丰足。又交流农具，互赠瓜豆种子，乃是相沿早期农耕文化之缩影。至今山丘梁子仍流传农事民谣：二月二，龙抬头；大囤满，小囤流。

（三）客家围屋

贺州客家人是在清代由于广东社会秩序不宁、土客相斗激烈而大量迁入的，因此贺州旧时的客家人往往是聚族而居，房屋多是群体式，俗称客家大屋。每座大屋以姓氏为单位。这反映了客家人由于不断迁徙为生存立足而形成的居住形式。

享有"广西第一围"美誉的贺州客家围屋位于贺州市八步区莲塘镇

1 贺州客家围屋
2 贺州客家围屋内景

　　仁冲村，从远处望去，如长龙般的围墙把屋舍与外界隔开，一直蜿蜒……走近看，围墙上还留有许多小孔，据介绍，这些孔都是枪眼，是用来防止外敌进攻的。

　　贺州客家围屋建于清乾隆末年，距今已有两百多年的历史。围屋占地面积三十多亩，分南、北两座，相距三百米，呈崎角之势。南座三横六纵，有厅堂八个，天井十八处，厢房九十四间；北座四横六纵，有厅堂九个，天井十八处，厢房一百三十二间。整座围屋建筑为方形对称结构，四周有三米高墙与外界相隔，屋宇、厅堂、房井布局合理，形成一体，厅与廊通，廊于房接，迂回折转，错落有致，上下相通，屋檐、回廊、屏风、梁、柱雕龙画凤，富丽堂皇，是典型的客家建筑文化艺术结晶，素有江南"紫禁城"之美称。

客家围屋不仅具有聚族而居、安全防卫、防风抗震、冬暖夏凉的功能，而且具有丰富的文化内涵，其古老独特的客家建筑、精雕细刻的百兽图案、古朴典雅的明清家具、历经百年沧桑的农家作坊、热情奔放的客家歌舞、独具特色的客家饮食、感人的客家历史传奇，是一部永远读不完的百科全书，是客家文化的象征，它全面地展示了客家人的人文历史。

围屋大门上方，挂一匾额，书之四字（有的三字），称之曰门榜，又叫门匾或门楣。且以姓氏命名，是客家围屋的一大特色，若门榜为"爱莲第"，即使不是客家人，人们也可轻易地猜出此户人家姓周，因为北宋周敦颐曾写过《爱莲说》一文，名传千古，流芳百世。莲塘镇仁冲村的客家围屋叫"淮阳第"，为江氏祖屋。

此座围屋由江海清出资建造。史载，广西贺县江氏一支原籍河南淮阳，是宋代逐渐向南方迁徙的客家人，清乾隆时由广东迁到广西贺县莲塘镇。江海清在朝为官，因战功显赫，晋升为三品朝官，出任云南省盐检道台，受赏巨额白银及"万宝来朝"牌匾，成为云南、广西贺县一带远近闻名的"江百万"。

江海清升官发财后，曾数次回贺县老家。此时江家人丁繁盛，原来的老屋住不下了，江海清出资找人在仁冲村老屋东南面另建一座围屋，称为"新屋"。

江海清做官能谋事，有政声；在家族中极重亲情、顾念族人，衣锦还乡，恩泽全族，福泽后代的事迹，至今仍为族中后辈称颂。

近年来，江氏客家围屋声名鹊起。先后有海内外的《茶是故乡浓》、《酒是故乡醇》、《围屋里的女人》、《美丽的南方》、《夺宝英雄》、《月光恋》等影视剧到江氏客家围屋取景拍摄。2008 年，为庆祝广西壮族自治区成立 50 周年，中央电视台在广西各市各选一个代表各地文化特点的点进行《直播广西》活动，贺州市选取的点是莲塘客家围屋。

（四）客家山歌

贺州历史悠久，各族都有唱歌听歌的传统习惯。山歌是人们生活中不可缺少的一部分。客家人常以歌会友，以歌传情。山歌是民歌的另一称谓，大多在山野中劳动和谈情说爱时唱。曲调爽朗质朴，节奏自由。

"山歌"名称，唐代已有记载。白居易《琵琶行》："岂无山歌与村笛，呕哑嘲哳难为听。"李益亦有诗云："无奈孤舟迟，山歌闻竹枝。"可见，古人把竹枝词当作山歌中的一种，或者说，山歌就是竹枝词。

竹枝词是山歌格式的典范，它的形成就是民歌发展的历史。客家人因深受儒家思想熏陶，故清代梅州文化，以诗文最为发达。其中最负盛名的有宋湘与黄遵宪。他们十分重视收集、整理、加工和提倡客家山歌，对客家文化影响极深，从而使客家山歌从山间田野登上大雅之堂，更具雅俗共赏的全民性质，并使世人更为瞩目。客家山歌采用和承袭了《诗经》的"赋"、"比"、"兴"的表现手法与体裁。上承《诗经》中的《国风》传统。与十五国风，同样出自劳动人民，同样来源于生活。《诗经》有："关关雎鸠，在河之洲。窈窕淑女，君子好逑。……求之不得，寤寐思服。悠哉悠哉，辗转反侧。"客家山歌则有："河边石子生溜苔，思想阿妹唔得来；七寸枕头睡三寸，留下四寸等妹来。"、"关关雎鸠，在河之洲"与"河边石子生溜苔"都是起兴之词，其后都为思念之情。此事例，不胜枚举。

客家地区，历来广为流行山歌。对此，方志多有记载。民国贺县志卷二《风俗》记："贺邑樵子牧童所唱山歌，语虽通俗，然亦合于比兴体。"乾隆年间杨登璐咏风俗竹枝词唱："迎春演剧舞婆娑，听得新腔记忆多，几日文峰松下路，添将时调杂山歌。"客俗好歌，时时处处可闻，岁时节日，更是歌声飞扬。

（五）贺州客家生态博物馆

广西贺州客家生态博物馆位于贺州八步区莲塘镇白花村，是一个以贺州客家围屋为基础并加以建设的生态博物馆，属于广西民族生态博物馆建设"1+10"工程之一。该生态博物馆通过图、声、像等科技手段以及实物展示的方式体现客家文化，为保护客家文化提供了一个基地；自建成后，它逐渐成为了当地一个文化旅游景点。

贺州客家生态博物馆由工作站、信息中心、展示中心和保护区四个部分组成，其中工作站、信息中心和展示中心由围屋改建而成，占地面积 2000 多平方米，保护区由白花村和仁冲村组成。截至 2007 年 4 月，保护区内有 1705 户，7550 人，其中客家人有 6500 余人，其特有的自然遗产和鲜活的文化特色为博物馆的建设提供了良好的特殊环境。馆内展示中心的"贺州客家人"陈列展览采用图、声、像等现代科技手段和民间征集的实物相结合，表现当地客家的历史渊源、民族服饰、生产工具、民俗节庆和传统工艺等。

贺州客家生态博物馆的建成，不仅对发展旅游业经济有积极的意义，对深入开展客家文化研究、保护和利用，增进客家族群的凝聚力，促进海内外文化交流具有重要意义。贺州客家生态博物馆的建立，为专家学者研究客家文化提供一个很好的基地。

（六）规划建设桂台（贺州）客家文化旅游合作示范区和举办客家文化旅游节

为了更好地挖掘和传承贺州文化、客家文化的特色，通过打造客家文化特色品牌推动观光旅游和文化产业发展，从而推动贺州市的经济社会发展。2007 年以来，贺

贺州市举行 2010' 桂台客属联谊会暨贺州市首届客家文化旅游节

桂台（贺州）客家文化旅游合作示范区效果图

州市依据本市特有的客家文化旅游资源优势，提出设立"桂台（贺州）客家文化旅游合作示范区"的设想，编制了《桂台（贺州）客家文化旅游合作示范区发展规划》；2009 年，广西壮族自治区党委常委会同意设立桂台（贺州）客家文化旅游合作示范区；2010 年，自治区人民政府正式批复，同意设立桂台（贺州）客家文化旅游合作示范区。贺州市 2010 年成立了桂台（贺州）客家文化旅游合作示范区管理委员会，举办了 2010 桂台客属联谊会暨贺州市首届客家文化旅游节。桂台（贺州）客家文化旅游合作示范区主要建设内容包括"一镇一园二区"即贺州市姑婆山客家风情小镇、世界客家文化主题公园、姑婆山旅游经济区和黄姚旅游经济区，规划面积 2612 平方公里，重点建设项目 20 个，总投资 85.72 亿元。通过桂台（贺州）客家文化旅游合作示范区的建设，将对加强双方在旅游景区建设、文化旅游资源挖掘、人员交流培训等方面的合作，促进两地文化交流和人员往来，将贺州建设成为广西与台湾在旅游合作方面的窗口和广西接待台湾游客的主要旅游目的地具有重要意义。

四、岁时节庆

岁时节日民俗，是民族传统文化中不可缺少的部分，是我们祖先在长期社会活动过程中，为适应生活、生产的各种需要和欲求而创制、修增和传承下来的。它凭借着现实的各种条件，发挥着众人的智慧、能力和想象为人们的生存、安宁、健康等要求服务。随着人们能力、智力等的发达和经历时间的长久，这种传统文化越来越显得丰富多姿。它不仅满足了人们一定的生活要求，也推进和巩固了社会秩序。

贺州地处多种文化的交汇之地，其岁时节庆既传承中原文化的基本内容，也带有百越文化、湘楚文化的痕迹。同时由于本地汉族、瑶族、壮族杂居，各民族文化之间也相互涵化，因此也存在很多独具民族风情的少数民族节日，比如瑶族的"盘王节"、壮族的"三月三"等。由于上文对瑶族和客家人的风俗节日已有所描述，下文主要介绍本地汉族人的岁时节庆。

（一）春节

春节是除旧迎新的日子，年节虽然在农历正月初一，但年节的活动却并不止于这一天，从腊月二十三"小年晚"就开始了。传说这一天灶神和祖宗要启程上天去汇报人们在这一年当中做的事情。白天，人们要去买菜，准备晚饭，因为这是祖宗一年在家的最后一顿饭，所以很丰盛。吃完晚饭，灶神和祖先就走了，直到年二十九的半夜才回来，在这个期间都不上香。腊月二十三以后，人们就开始"忙年"：打扫房屋，置办年货，添置新衣，洗头沐浴，准备年节器具等。所有这些活动有一个共同的主题，即"除旧迎新"。

年节也是祭祝祈年的日子。以昭平县黄姚古镇为例，人们白天要到古镇的兴宁庙、土地庙、佐龙祠祭天地、上香火。除夕之夜，祖先和灶神下界回来，人们放鞭炮，燃香烛，点旺火相迎。年岁还是合家团圆、走亲访友的日子。糕粑和饺子是过节不可缺少的食物。二十七的晚上，家家户户都做水浸糍。二十九的晚上要做葱角（饺子），是用葱和瘦肉一起包的，然后放进笼里蒸，又叫蒸饺。年三十晚上开始，一般杀鸡宰鸭，买猪肉，在家或者祠堂祭祀祖先，吃团圆饭，守夜到零时。元日之后，开始走亲访友，互送礼品，以庆新年。年节更是民众娱乐狂欢的节日。元日之后，各种丰富多彩的活动竞相展开。在古戏台，有彩调、桂剧看，现在还会举办篮球赛、拔河比赛、舞鱼龙，表演的人多时可达200-300人，方圆几十公里的人都来看热闹。在上世纪六七十年代的时候，由于生产的需要，初四就散年了，也少了很多的娱乐活动，但现在人们一般都会持续到正月十六，各种活动逐渐恢复起来，令人陶醉。

正月初二这一天晚上，以巡游古镇为主。巡游队伍由数百名当地居民组成，几乎每家每户都有人参与，其中有一个领队的人，

1、2 黄姚古镇正月初二鱼龙灯节游行队伍

队伍共分为九部分。（1）写好对联的竹子灯箱，对联一般是写一些比较好兆头的，比如丰收之年等等；（2）彩旗队，五颜六色的旗子在整个队伍中十分抢眼喜

1 黄姚古镇女子舞龙队在表演舞龙
2 黄姚古镇醒狮队在表演舞狮

气；（3）扮饰队：一群扮成古代著名人物或者神仙的人，如关公、八仙；（4）八音队：锣、鼓、唢呐等；（5）扮成各种各样的动物，如鳖、虾、蟹等；（6）鼓乐队；（7）舞狮队；（8）舞龙队；（9）鱼龙队，每个

鱼龙灯都是用竹篾扎成鱼或其他动物的外形，再用纸糊上，在里面插上一根蜡烛，下面用小竹杆撑住。晚上 7 时，巡游队伍从钱兴广场出发，一路敲锣打鼓，绕行古镇一圈，以祈求风调雨顺、五谷丰登。

（二）三月三

三月三日逛节本是壮族的一个节日，但多民族混杂居住、彼此影响之下，也就成为了贺州地区最为盛大的节日之一。

三月三本来是纪念刘三姐的活动，原本主要是对歌，

昭平县黄姚古镇三月三庙会

但是现在已经变成了走亲访友的好日子。这一天，要杀鸡、买猪肉、磨豆腐，和过年一样。亲戚、朋友都会来，也是个聚会的好日子，每家都会摆几桌酒席。如果是远的亲戚过年不一定会来，但三月三一定要来。一般为一天，远客会留下过夜，近的则饭后回家。以前过三月三，要舞龙舞狮，解放后由于人们搞农业生产就改为正月初二、初三了。这一天每家每户都会准备好鸡、鸭、鱼、肉等，然后叫上亲朋好友来自己的家里过节。一般都是中午 11 点左右整个家族一起用餐，而晚饭则是各家

八步区贺街镇浮山歌圩活动场面

自己过。如果凑巧很多亲戚都刚好住在一个地方，那么就会按照排行轮流到每一家去吃团圆饭。

（三）清明节

贺州人有尊亲敬祖、隆宗重祠的传统习俗。清明节扫墓的准备工作是繁重的。之前，在祠堂里打灶，准备族人回来的聚餐。准备镰刀、锄头以便上山除草，购买香烛、纸炮，做好猪肉和鸡肉，购买水果、糖果等作为供品，还得准备大家在扫墓那天野外的午餐。

扫墓的时候，首先要割去周围的杂草，清除垃圾，然后用锄头挖地上的草皮放在坟头，叫做培土，之后在上面放坟头纸。最后，就是祭祖，上香，摆上供品，一家男女老少按长幼顺序跪在坟前，三跪六拜，之后放鞭炮。有的家里，祖坟比较多，则会扫几天的墓。

一般来讲，第一天为老祖宗祭墓，由于贺州较多从广东福建等地迁移而来的客家人，所以各个家族会在清明的当天首先纪念西迁始祖。清明节主要是祭祖扫墓，其他地方的族人要到秋祭的时候才来参加。早晨，在祠堂吃过饭，族人们挑上事先准备好的香烛炮和"三牲"等去扫墓。中午在野外就餐，吃带去的糍粑。晚上回到祠堂先在祖先牌位前祭拜，然后在厨房里集体开饭。不论年龄、性别，都可以参加。媳妇虽然是外姓，但毕竟已经是夫家的人，当然首选在夫家祭祖。第二、三天，是每个宗支举行祭祖和各家举行家祭的日子。宗支祭祖时，离祠堂远的人一般都不在祠堂里吃饭。举行家祭时，主要是纪念自己以上的4至5代的祖先，先在家里的灵位前上香祭拜，然后去扫墓。

（四）端午节

在贺州，过端午家家户户都要在门口插菖蒲，并在水缸里泡菖蒲的根，据说泡过菖蒲的水可以防治邪毒、虫蚁。晚饭前还在墙根墙角放一些雄黄，可以防蛇毒。每人都要喝一点雄黄酒，防治吃生水的邪毒气。和其他地方不同的是，贺州人不是通过赛龙舟、在河里放粽子，而是在门口插菖蒲叶纪念屈原。这里还有一个传说，据说楚国时有人为民请命，率众起义，遭到镇压，楚王下令将他们全部杀死，但是如果在门口插上菖蒲叶则可以赦免。屈原得知这一消息，把秘密告诉了大家，人们按屈原说的去做，终于免了一死，朝廷也因此才没有滥杀无辜。此后，每逢端午节人们就在门口插菖蒲叶表示感激和纪念。

而在农历五月初六，八步区的信都、铺门、仁义3镇的群众都会自发组织举行赛龙舟活动，比赛地点就在信都圩镇的贺江江面上，参赛龙舟以3个乡镇沿江各村自由组织，每年都有10多条龙舟参与比赛。信都赛龙舟历史悠久，已成为当地的一项具有浓郁地方特色的民间体育活

1、2八步区信都镇
赛龙舟场面

动，吸引众多群众前来观看，两岸观众人山人海，场面热烈壮观，群众欢呼声不断。

（五）中元节

农历七月十四"中元节"，当地俗称"鬼节"。由于贺州地区水脉丰富，河网遍布，古时民众饱尝水患困扰，这一天虽名为鬼节，实则是为了祭河神。这一活动一般都要持续两天，目的就是祈愿国泰民安、五谷丰登。在鬼节当天，人们会烧香拜佛，在自家门前插上香和蜡烛，平日里一到晚上就非常阴暗的小村在这一天也会变得非常明亮。

放柚子灯的习俗是昭平县黄姚古镇特有的，每逢鬼节，黄姚古镇家家户户都会在江上放柚子灯。十四晚上，男女老少都会聚集到古镇的带龙桥头到兴宁庙的那一段河边，观看放灯。为了祭河神，人们在柚子灯上插上蜡烛，然后将灯推进河里，灯顺着河水向下游飘走，据说可以将水鬼赶出古镇，使其不能在此作乱。也有一种说法是由于黄姚镇的民房大部分都建在水流湍急的江两岸，每当春夏季节，河水上涨，有时大雨过后，河水泛滥成灾，人们便认为是水鬼作怪。于是在七月十四这天，

黄姚古镇放柚子灯活动

黄姚古镇放柚子灯活动

人们沿着河边烧香祭祀鬼神。

柚子灯是用一个个柚子串成，做成一个三角形，再用绳子连接起来。柚子灯由灯头和灯尾两部分组成，灯头是用五色纸扎成的方的小房子，约有一立方米，里面可以点蜡烛，起到引导灯尾的作用；灯尾则是将削去顶的柚子用细的竹子联成连续的品字形，在上面插上蜡烛组成。柚子灯有专人负责组织制作，鬼节前当地有名望的人会组织人手到每家每户收钱，交多少自愿，捐钱的人以及数量最后都会公布。收集来的钱主要用于买柚子。柚子灯至少要在当天晚上游行前准备好，所以通常在一个星期或者三天前就已开始准备。

放柚子灯的过程大体如下：柚子灯在晚上八点开始放，提前两个小时准备。人们在柚子上插上蜡烛然后点燃，这个时候整个河面就亮了起来；紧接着点上香，在每个柚子上插三根或更多的香；另外在准备的过程中河边开始有人吹吹打打，主要是唢呐、锣等；舞龙舞狮队至少半个小时前已经从新街开始边走边舞，一路到达放柚子灯的河边，最前边的是鱼龙灯（是古镇一个比较具有特色的活动，跟舞狮实质上是一样的，只是做成了鱼的形状，在鱼嘴里面还会放上灯泡作为指引），紧接着后面的是两只醒狮。放灯时，灯头先下水，后用一根绳索把灯尾连起来，像一条长长的水灯浮于水面。七八个会游泳的青年跳下水，用手轻轻领着灯头顺流而下，有时长达二三十米。灯头前有舞狮小船，旁边有其他会水的青年男女，手持鱼龙灯，一边游一边逗弄狮子。队伍从睡仙榕一直漂到兴宁庙，整个活动持续两、三个小时。到了十五的晚上，人们又聚在河边，在放灯结束后年轻男女会跳下河抢柚子灯，把抢到的柚子拿回家和家人分享，据说吃到柚子的人可以"有子"和长寿。

（六）中秋节

在贺州，每逢中秋节，人们会燃放孔明灯。一个古老传说：古代生活在贺州的祖先们曾被外敌侵袭，有人就通过燃放孔明灯来给同伴提醒和警示。

八月十五还是孩子们解放自己、满足嘴馋的好时机，因为这一天，孩子们可以到周围人家的地里"偷青"。据乾隆年间《昭平县志》记载："中秋赏月，雅者饮酒赋诗，俗者结伴偕取人瓜果以得，多人不觉者为吉利，俗名曰盗青。"在这一天的晚上，孩子们会集结在一起，去偷地里的青菜、南瓜、凉薯等，主人是不会责骂的，最多会嚷声"哪个小鬼偷我家东西呀？"语气宽容，把他们赶走也就算了。

（七）重阳节

九月初九重阳节，因日、月逢"九"，且九为"阳数"，故称"重阳"。又叫做"老人节"、"登山节"、"重逢节"、"牛王节"。按阴阳五行的说法，重九之日，地气上升，天气下降，天地之气交接，古人为避免接触不正之气，所以登高以避之。这一天，人们会相邀前去登山，又是故人重逢的好日子。在黄姚古镇文明阁魁星楼下的一个石刻就有乡人一起登高做诗于天马山的记载："丙辰重阳日，仿昔贤登高故事，载酒携朋饮于阁上。秋光如画，爽气宜人，倘不沾衣，何伸雅怀？即青山亦应笑人也！爱联吟数韵以记其胜。庶无贻林润之愧并跋。"

（八）冬至

重阳之后，就到冬至。因为冬至来临，全部作物都收获完，且和春节相距较久，约有 3 个月农闲时间，故又叫"大过年"。在贺州，只有客家人和来自连滩的人才过。人们走亲访友，聚会吃饭，互送糍粑。这也是他们保持自我认同的一种方式，同时他们如此重视农闲，也可以说明，在贺州这个以商业兴旺起来的城市中，来自这些地方的人可能一直都从事农业生产。

五、贺州形胜

（一）"三省通衢"八步

八步区是贺州市委、市政府所在地，在东经 111° 12′ –112° 03′，北纬 23° 49′ –24° 48′ 之间。东与广东省连山、怀集、封开县为邻，南与

贺州（八步）城区一角

梧州市苍梧县交界，西与贺州钟山、昭平两县接壤，北与湖南江华县相毗，地处湘、粤、桂三省（区）交界处，是大西南通往粤、港、澳的便捷通道，国道207线、323线和桂梧、广贺、永贺高速公路、贵广高速铁路及洛湛铁路都交会于八步，成为连接东西、贯穿南北的重要交通枢纽。同时也是湘、粤、桂三省区边界重要的交通枢纽及工商业重镇和物资商品集散地，也是西南重要的出口通道之一，区位优势十分明显。

1. 区域概况

八步区辖12个镇3街道1个瑶族乡，总面积5147平方公里，面积居广西各县区第二，总人口90万人，主要有汉、壮、瑶等民族，其中壮、瑶等民族占总人口的9%。

八步历史悠久，自汉元鼎6年（公元前111年）设临贺县至今，已有2100多年历史。辖区内有5个城镇曾经是历史上建制县的县治所在地，它们分别是原临贺县（今贺街镇）、封阳县（今铺门镇）、信都县（今信都镇）和建兴县、兴安县、桂岭县（今桂岭镇）和今天八步区人民政府驻地八步街道（原八步镇）。

八步是一个多民族聚居地，有汉、壮、瑶、苗等12个民族，语言种类丰富，通普通话和粤语、客家话、西南官话、桂柳话及壮话、瑶话等多种地方方言，被语言专家学者称为"方言土语博物馆"，素有"方言之都"美誉。

八步区东山瑶女装　　　八步区黄洞乡瑶族姑娘在采摘茶叶

1 八步区大桂山　　2 八步区速生丰产林

2. 自然资源

森林资源：全区有森林面积 33 万公顷，森林覆盖率 70.3％，活立木蓄积量 1400 万立方米，以松、杉为主，年提供规格木材 10 多万立方米，松脂 2 万多吨。主要经济林果有毛竹、篱竹、八角、玉桂、板栗、油茶、油桐、茶叶、沙田柚、青梅、柑橙、龙眼、李子等 30 多种，是广西主要林区和木材生产基地之一。

矿产资源：八步区地处成矿有利地段，矿产资源丰富，有黑色金属、有色金属、稀有金属和非金属四大类共 34 种。锡、钨、黄金是其中的三大矿产，初步探明，锡储量 15 万吨，

八步区合面狮电厂

钨储量 3.1 万吨，黄金 17 吨，铅 9.2 万吨，稀土 19811 万立方米，大理石 5 亿立方米，花岗岩 10 亿立方米，高岭土 120 万立方米，石灰石 1.7 亿吨，白云石 1.4 亿吨。

水能资源：全区水能蕴藏量 28 万千瓦，可开发量 22 万千瓦，现已开发 13.63 万千瓦，年发电量 9 亿多千瓦时，是全国中级农村电气化达标县。

农业资源：全区共有耕地面积 40102 公顷，其中水田 26912 公顷，山地丘陵、河流纵横、气候温和，给农、林、牧、渔生产提供了得天独厚的自然条件。目前，全市形成了以粮、林、果、菜、烟、蔗、猪、禽为主的特色农业。八步红瓜子、信都三黄鸡、贺街青梅、三华李、信都龙眼、桂岭肉姜和贺州香芋等名优特产品久负盛名。每年有大量的生猪、家禽、蔬菜销往广东珠江三角洲市场。1996 年，荣获"全国菜篮子生产先进市"称号。

1 红瓜子　2 三华李　3 三黄鸡　4 蔬菜

旅游资源：八步区山水风光秀丽，民族风情浓郁，人文、自然景观众多，境内的大桂山国家级森林公园和滑水冲自然保护区，山高林密，空气清新，风景优美，是观光旅游、休闲度假的好去处。主要风景点还有大钟山公园、灵峰广场、莲塘客家围屋、贺街浮山、临贺古城、铺门石城和黄洞瑶族风情村

1 国家级森林公园大桂山风景区　　2 贺街浮山　　3 黄洞乡月湾茶园

等。具有浓郁民族特色的瑶族盘王节、浮山歌节和信都端午赛龙舟等民间民俗活动，让人领略到独具特色的民族文化。

3. 八步的由来

清代，伴随集市和区域经济发展，贺江和桂江流域出现了商业重镇八步与黄姚。光绪三十二年（公元 1906 年），分贺县下六里地之一部置信都厅，治所位于今日的铺门镇。民国元年（1912 年），改信都厅为信都县，撤销富川县、钟山镇区和昭平县防字、乐字两区，成立钟山县。

早在一千多年前，八步就因其地处"鸡鸣三省"的粤、桂、湘地域交界中心而商贾云集，经贸发达，并最终以"三省通衢"的优势，发展成为广西的四大名镇之首。八步，设置贺县时为镇区，撤地设市后为城区。撤地设市前，八步为县级贺州市政府所在地。1997 年，梧州地区行政区划调整，梧州地区更名贺州地区，随即办公地也从梧州市迁往贺州市，2002 年底，贺州撤地设市时，八步城区有城市人口约 11 万人，城市建成区面积约 15.23 平方公里。

"八步"一词最早物证见于清道光二年（1822 年）由八步"仙城会馆"赠予贺街"粤东会馆"的柱子上。作为一座老镇，贺街有着悠久的历史，直到 1952 年贺县县治所在地才迁往八步镇。虽然"八步"一词有很多说法，但最根本还是经商得名而来。清乾隆年间，广东客商向内陆发展，而迁徙辗转于贺县，发展到清代咸丰年间，广东商人在路花建立了"珠端会馆"。稍晚时候，来此经商的徽商建立了"庆元会馆"。这些会馆至今依旧保留着，当年这些商人主要向当地人提供日常生活用品，进而向民众手中收购锡矿和特产贩卖出去，带动了当地的经济发展。后来有八户商家在此发迹。

后来由于路花交通不便，许多广东客商便于清朝乾隆中晚期迁移到陆路交通相对方便的黄田竹山脚水月宫，并建立起了 8 间店铺和一个"关帝庙"。可惜"关帝庙"在大跃进期间被拆毁，而黄田竹山脚水月宫的经商点被称为"八铺"。

随着大宗矿业的进一步发展，八步已成为了周边路花、西湾、水岩坝、新村、黄田等地矿区所开采出来的锡矿转运中心。这里人来人往，商机颇多，于是精明的广东客商将这 8 间店铺迁往水陆交通更为方便的临江中游，并建了 8 个用于装卸货物和挑水饮用的小码头，这些小码头简称"八埠"。从这些小码头出发的船将锡矿和农副产品运往广州，返回时则从广东都城盐庄带回原盐和工业品，批发给八步、钟山、富川和湖南的客商，因而当地这些埠头又被称为"盐埠"。八步开埠后，沿岸地区呈现出繁荣昌盛的局面，矿产、制造业、银行业兴起，商贸流通业兴盛发达，处处店铺林立。早在清朝光绪年间，八步便已是当铺林立；民国期间，中国银行、广东银行、湖南银行都先后在此设立办事处。抗战期间，同济大学也迁来八步办学，以何香凝为代表的大批知识分子也来到八步。

八步也是桂系军饷的重要筹集地，而且在第一、二次世界大战期间，作为军工材料的锡一直有着较大需求，经八步转运出去的精锡占整个广西锡矿市场的三分之一，且八步出口的锡击之声音清脆，固有"八步响锡"的美称。

8 间店铺、8 个埠头中的"铺"与"埠"本是同意，又与粤语中"宝"谐音。而清朝嘉庆年间，"铺"、"埠"、"宝"都与"步"有关，"步"与"宝"又谐音。就这样，"八步"就慢慢叫开了。从民国二十三年（1943年），八步正式成为建制镇；此后，八步逐渐成为公署、县、县级市、地区、县级区、地级市等机关所在地。而今的八步已经发展成为一个城区面积达到 64.14 平方公里、城区人口达到 15 万、拥有 34 个民族的新兴城市。

4. 交通运输

八步区交通便利，有"三省通衢"之称，323 国道、207 国道、信都至铺门已经是省道贯通全市，境内有公路干线 6 条，全市通车里程

801公里,可直达区内的梧州、南宁、桂林、柳州、广东的广州、湛江、珠海、茂名、深圳、惠州、湖南的衡阳、永州、郴州、零陵等地。穿经市内的桂(桂林)梧(梧州)高速公路、广(州)贺(州)高速公路、洛(洛阳)湛(湛江)铁路已经建成通车,永(州)贺(州)高速公路正在建设,贵(州)广(州)高速铁路2014年底建成通车。14500吨位的拖轮可直达广东的肇庆、江门和港澳等地。

5. 科教文卫

八步区传统的民间文体节目有"盘王节"、"浮山歌节"等,民间歌舞以贺州客家歌舞和瑶族的长鼓舞、壮族的舞火猫最具民族特色。客家歌舞是以客家方言演唱,配上音调和谐、韵律优美的客家山歌调,载歌载舞反映客家人生产生活、风土人情的一种地方艺术形式。八步区有一批文艺创作和演出队伍,作品丰富,《闹嫁房》、《初二风情》、《喜迎送嫁妹》、《酿豆腐》、《竹板迎丰年》、《背亲》、《月光光》等独具客家人特色的优秀歌舞剧目达10多个,多次获得国家级和自治区奖励。有的剧目还在广西、广东电视台播放。《月光光》还为2001年香港拍摄的电视连续剧《酒是故乡醇》所采用。贺州客家歌舞随着贺州市客家山歌剧团,走遍了区内,也走往了广东、湖南,1992年专程到广东嘉应和梅州客家人聚居区去演出,获得好评和赞赏。近年又去到台湾演出,受到台湾同胞的欢迎。

八步区现有各类专业技术人员15000多人,其中高级职称505人,中级职称5000多人。有高等院校一所,高(完)中8所,普通高中在校生3200多人,职业高中(含中专、技校)在校生4300多人。有初中45所,在校生49000多人,适龄儿童入学率达到99.6%。

八步区现有医疗机构606个,病床1168张,卫生技术人员1180人,其中高级职称29人,中级职称464人。平均每千人拥有医生1.8个,病床1.3张。

6. 主要城市荣誉

全国科技进步先进县（区）；

全国绿色小康县（市、区）；

全国和自治区计划生育"三好一满意"先进县（区）；

中国李子之乡；

广西区经济发展十佳县（市、区）；

广西区蔬菜第一大县（区）；

广西区无公害水果基地县（区）；

广西区自治区双拥模范县（区）。

（二）麒麟尊故里平桂

平桂管理区位于广西东北部、贺州市中部，距贺州市城区中心仅 6 公里。东与贺州市八步区毗邻，西邻钟山县、昭平县，南接梧州市苍梧县，北连富川瑶族自治县及湖南省江华瑶族自治县，辖区总面积 2022 平方公里。

1. 区域概况

平桂管理区是在原中央直属企业平桂矿务局的基础上设立的。2007 年 4 月，广西壮族自治区人民政府正式批准设立平桂管理区，为贺州市人民政府派出机构，行使相当县（区）级政府管理职能。

平桂管理区管辖西湾街道、黄田镇、鹅塘镇、沙田镇、公会镇、大平瑶族乡、水口镇、望高镇、羊头镇共 9 个乡镇（街道），124 个行政村（社区）、1246 个自然村（屯、寨）、2468 个村民小组，境内主要居住有汉族、瑶族、壮族等民族，总人口 50.3 万，汉族人口占 96.9%；农业人口 43.78 万，占总人口的 86.7%。

2. 自然资源

森林资源：森林面积 12.53 万公顷，森林覆盖率达 60.28%，盛产杉、松、桉木、栎、竹等木材及松脂、竹笋等林副产品。近年来，加大森

姑婆山森林

十八水瀑布群

林资源培育力度，积极发展短轮伐期工业原料林，营造速生丰产林基地，形成以林产化工，木浆造纸，木材加工，森林旅游为主体的林业产业体系。

矿产资源：境内矿产丰富，现已探明60多种矿种，主要包括锡、钨、黄金、银、锰、铁、稀土和花岗岩、大理石、高岭土等，是华南地区最大的大理石矿产基地，远景储量达26亿立方米以上（主要分布在望高

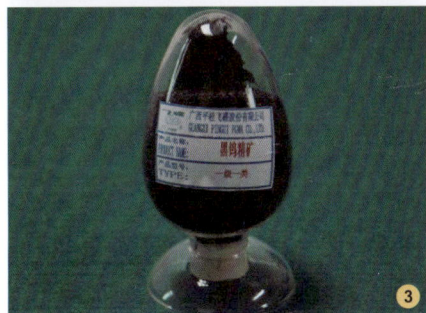

1 大理石　2 重钙粉体　3 黑钨精矿　4 平桂飞碟有限公司生产的锡锭

镇和黄田镇），尤以精锡、"贺州白"大理石享誉国内外。

水能资源：主要河流有贺江、富江、临江，属西江流域，归珠江水系，水能蕴藏量 25 万千瓦以上，可开发水利电力装机容量达 15 万千瓦以上，有武爽电站、临江电站等已开发和正在开发的大小电站 30 多座。地方水电网络与华南骨干电网并网运行，为管理区内的工业提供充足的电源。

农业资源：自然条件优越，物产丰富多样，境内土地肥沃、气候温和、光照充足、雨量充沛，盛产公会晒烟、芳林马蹄、栗木莲藕、鹅塘油粘米、青梅、大平腐竹、食用油等优质农产品，品质纯正，美名远扬。

芳林马蹄

青梅

栗木莲藕

旅游资源：旅游资源极为丰富，文物古迹繁多，民风古朴浓郁，自然风光秀丽，是贺州旅游的领头雁。出土有国宝级文物——麒麟尊；拥有沙田马峰五桂桥、龙井古村、壮族风情寨、土瑶风情园等人文历史景

灵峰广场麒麟尊雕塑

1 姑婆山国家森林公园仙姑瀑布　　2 贺州温泉　　3 紫云洞　　4 玉石林

观；拥有姑婆山国家森林公园、贺州温泉、玉石林、紫云洞、碧水岩等众多自然山水风光，是香港著名电视剧《茶是故乡浓》、《酒是故乡醇》、《欢乐桑田》及电视剧《围屋里的女人》等影视片的外景拍摄地。

3. 历史沿革

平桂始设于 1907 年（清朝光绪三十三年），广西官府设官办矿务局于西湾，距今已有 100 多年的历史。1934 年广西省矿务局在西湾设立办事处，署理平乐、桂林矿务，故得名"平桂"，并一直沿用至今。

4. 交通运输

平桂管理区地处桂、粤、湘三省区结合部，交通快捷便利，区位优势明显，北上桂林 180 公里，南下广州 270 公里，是中国大西南主要的出海通道，国道 207 线贯穿境内，已建成的桂梧高速公路、广贺高速公路和洛湛铁路以及正在建设的贵（阳）－广（州）快速铁路、永贺高速公路，均经过平桂管理区境内，且贺州的主要交通出口和铁路站场（黄田客运站、望高货运站）均在管理区范围。各乡镇（街道）道路交通基础设施日臻完善。目前，境内公路通车总里程达523.4公里，所有乡镇（街道）都通了三级或二级公路。

5. 主要城市荣誉

全国最大的重钙粉体生产基地和华南地区最大的石材加工生产基地；

中国重钙之乡；

中国马蹄之乡；

中国青梅之乡；

全国平安铁路示范县（区）；

广西区招商引资工作先进单位。

（三）"三湘入桂门户"钟山

钟山县位于广西壮族自治区东北部，东经110°58′-111°31′、北纬24°17′-24°46′之间，全境在北回归线以北。地处萌渚岭、都庞岭余脉西南，富江下游流域。东邻平桂，南接昭平，西连平乐、恭城、北靠富川。县治钟山镇，陆路距广西壮族自治区首府南宁市525公里，距梧州市209公里，距桂林市178公里。国道323线、桂梧高速公路、贵广铁路、永贺高速公路横贯县境，是西南地区东进粤港澳最便捷的出海通道，自古有"两粤要冲，三湘入桂门户"之称。

1. 区域概况

钟山县行政区域面积1483平方公里，下辖钟山镇、回龙镇、石龙镇、凤翔镇、珊瑚镇、同古镇、公安镇、燕塘镇、清塘镇、红花镇10个镇，花山瑶族乡、两安瑶族乡2个瑶族乡。县人民政府驻钟山镇，人口48万，其中农村人口37万。

2. 自然资源

森林资源：有森林面积9.68万公顷，林木蓄积量250万立方米，森林覆盖率为52%。

矿产资源：矿产资源丰富，已探明有大理石、花岗岩、锡、钨、煤等20多种，其中大理石储量14.1亿立方米，花岗岩储量31.2亿立方米，砂锡矿储量8万吨，煤储量1916万吨。大理石以色泽润滑，质量上乘驰名区内外，素有"广西白"（钟山白）之称，而且花色品种多，易于开采，经济开发潜力巨大。

水能资源：水能蕴藏量5.6万千瓦，水电装机容量2.1万千瓦，年发电量10000万千瓦时。1989年已跨入全国101个农村水利建设先进县和全国首批100个农村初级电气化县行列。

花山水库

农业资源：钟山县是一个以农业为主的农业大县和林业大县，为广西商品粮基地、春烤烟基地，同时也是全国秸秆氨气化养牛基地，名优特产种类繁多。主要农产品有春烤烟、桑蚕、大肉梅、沙田柚、蜜柑、砂糖橘、大头菜、红瓜子、香米、腐竹、瘦肉型猪、黄牛等。

钟山贡柑外运

双季莲藕

十里画廊景区

旅游资源：旅游资源十分丰富，有丰富的自然景观资源、民族文化风情资源、红色文化资源以及客家文化、奇石文化、佛教文化资源。辖区内英家起义红色旅游区、花山生态风景区、两安瑶族风情旅游区和龙道古民居、东寨狮子庵、龟石神龟岛、朝阳生态村、富江河文化休闲游等特色旅游品牌是重点打造和开发的一批精品特色旅游线路。

3. 历史沿革

秦始皇统一中国后，公元前 214 年置南海郡，钟山地属南海郡。汉高祖元年（公元前 206 年）南海赵佗击并象郡、桂林郡，自立为南越王，县地属南越国。

汉元鼎六年（公元前 111 年），武帝平南越，置富川县，治设钟山。元封五年（公元前 106 年），隶交趾刺史部苍梧郡，东汉建安八年（203 年）隶交州苍梧郡。

三国时期属吴，黄武五年（公元 226 年），分苍梧置临贺郡，县域属荆州临贺郡地。

西晋太康元年（公元 280 年）平吴，划始安、临贺郡隶广州、县域属广州临贺郡地。永嘉元年（公元 307 年），以临贺、始安、兴安三郡为湘州，县域属湘州临贺郡地。

南朝，宋永初二年（公元 421 年），改临贺郡为临庆郡，县域属湘州临庆郡地。泰始六年（公元 470 年），改临庆郡为临庆国（封国），县域属临庆国地。齐建元二年（公元 480 年），临庆国复为临贺郡，县域属之。梁天监元年（公元 502 年）。县域属湘州临贺郡地，普通元年（520年），县域仍属临贺郡地，大同六年（公元 540 年），置静州梁寿郡龙平县，县西南部属龙平县地。陈太建年间公元（公元 569 年—581 年），在富川县南（今钟山境内）置绥越县，隋省入富川。

隋开皇年间公元（公元 581 年—600 年）县域隶桂州临贺郡。大业元年（公元 605 年）县域属杨州始安郡。

唐贞观元年（公元 627 年）置道，县域隶岭南道桂州，后隶广州。圣历元年（公元 698 年），武则天分富州之龙平县置思勤县（治今钟山县清塘乡陶唐村）属富州。天宝二年（公元 743 年），富川县更名富水县，乾元元年（公元 758 年），复名富川县。咸通三年（公元 862 年），岭南分东、西道，县域先属岭南东道广管，后属岭南西道桂管贺州、富川地。

五代时期，后梁开平二年（公元 908 年），湖南节度使马殷攻占桂州，割据岭南，自称楚国，县域属楚国贺州，富州地。后汉乾佑元年（公元 948 年），南汉并楚，县域属南汉富州、贺州地。

宋开宝四年（公元 971 年），县域属广南路。五年（公元 972 年），县域西部之思勤县省入龙平县隶昭州。至道三年（公元 997 年），广南路分东、西两路，县域西南属广南西路昭州，其余属广南东路贺州。大观二年（公元 1108 年）贺州割属广南西路，境域属广南西路贺州、昭州地。

元初，县域属广南西路贺州、昭州地；元贞元年（公元 1295 年），广南西路隶湖广行中书省广西两江道，县域属广西两江道贺州，平乐府地。至正二十三年（公元 1363）年，广西两江道改为广西行中书省，县域属广西行中书省贺州，平乐府地。

明洪武九年（公元 1376 年）属贺州，十年（公元 1377 年）改属浔州府，后属平乐府。二十九年（公元 1396 年）十一月，富川县治从钟山迁至今富阳镇，钟山始名钟山镇，置边蓬寨巡检司。万历四年（公元1576 年）析富川南部入昭平县，均属平乐府。

清顺治十二年（南明桂王永历九年，公元 1655 年），县域属平乐府。道光十四年（公元 1834 年），平乐理苗通判移至钟山。

民国五年（1916 年）10 月，经民国政府总统核准，析富川县之钟山镇区、昭平县之防字区、乐字区合并设立钟山县。12 月，省府委北流冯汝翼来钟筹备县治。民国六年（1917 年）6 月，省府始委湖南徐世铎来任钟山县知事。钟山县隶广西省桂林道。民国十九年（1930 年）属平乐民团区。民国二十一年（1932 年）4 月，属桂林民团区。民国二十二年（1933 年）10 月，属平乐民团区。民国二十三年（1934 年）3 月属平乐行政监察区。民国二十九年（1940 年）4 月属第二区行政督察专员兼保安司令公署。民国三十一年（1942 年）3 月至三十八年（1949年）11 月属第二区行政督察专员兼保安司令公署。

中华人民共和国成立后仍称钟山县，属广西省平乐专区。1952 年 7月，广西省政府报请中南军政委员会核转，并经政务院 1953 年 4 月 23日批准，撤销富川、钟山 2 个县，合并置富钟县，治设钟山镇，属平乐专区。1958 年 7 月，改属广西壮族自治区梧州专区。1961 年 7 月 1 日，富川与钟山分治。1962 年 3 月 27 日，国务院第 115 次全会决定，恢复设置钟山县，县人民政府驻钟山镇，属梧州地区行政公署。1997 年 3 月，属贺州地区行政公署。2002 年 11 月 2 日起属贺州市管辖。

4. 钟山的红色浪潮

半个多世纪前，在中国共产党的领导下，刚强果敢、富于革命斗争精神的钟山各族人民，为推翻帝国主义、封建主义、官僚资本主义和国民党反动派的统治，争取民族独立和人民解放，进行了不屈不挠的英勇斗争，用鲜血和生命谱写了光辉的历史。

革命前辈可歌可泣的革命斗争，在钟山大地留下了光辉的足迹，钟山革命老区的这片热土，铭刻着革命前辈的丰功伟绩，诠释着革命前辈的高尚情操，记录着革命前辈的卓越功勋。为纪念革命前辈的光辉业绩，教育全县各族人民继承和发扬革命传统，中共钟山县委、钟山县人民政府于1985

1 英家起义纪念馆　　2 英家起义纪念馆一角

年修建"省工委旧址纪念亭"、"省工委机关'招待所'旧址纪念亭"、"革命故址牛峒牌楼"、"英家起义纪念亭"等革命纪念场所。1987年将英家粤东会馆辟为英家革命历史陈列馆，列为钟山县爱国主义教育基地。2006年10月，英家革命历史陈列馆被列为自治区级爱国主义教育基地。

中国共产党领导的钟山革命历史活动主要包括以下内容。

（1）党在英家、燕塘地区早期的活动

1925年冬，在上海求学并入党的廖祥勋受党组织的指派，从上海回到玉坡村开展农运工作。为唤醒民众，他在村中五房祠堂开办"平民夜校"，向贫苦农民传授科学文化知识，宣传进步思想。1926年春，他发动群众破除迷信，搬掉本村观音阁中的菩萨像，创建了"玉成小学"，吸收儿童及青年男女入学。他自任校长,自选、自编了一些通俗易懂的乡土教材。廖祥勋是在钟山开展地下革命活动的第一位中共党员,钟山也是广西最早建立党组织的 20 个县之一。此后,共产党员和共青团员陆续深入矿区和农村开展秘密革命活动。

1933 年和 1934 年,在廖祥勋的指导下,英家进步青年张赞周、朱维新等组织英家、玉坡、黄宝一带的贫苦农民,先后开展了两次较大规模的农民斗争活动,赢得了镇压土豪劣绅陈静波和"二五减租"的胜利。1935 年 10 月,湘籍中共党员陈学仁在英家培养和发展张赞周、朱维新加入中国共产党,在英家下街朱维新家建立了中共英家支部。中共英家支部是钟山县第一个党的基层组织,也是钟山县第一个党的农村基层组织。抗日战争爆发后,中共钟山地下组织在宣传抗日,动员和组织青年参军抗战的同时,不断发展壮大自己的队伍。1941 年 8 月,经中共广西省工委批准,英家支部升格为特别支部,隶属省工委直接领导,温翊俊任特支书记,特支分设英家支部、英家农村支部。省工委转移到英家后,1943 年夏对特支做了调整,张赞周任书记,肖雷任副书记,特支下设英家支部、英家农村支部、英家小学支部。

为保障省工委机关在英家地区活动的安全,英家特支带领英家人民做了大量的工作:一是精心挑选省工委机关驻地;二是利用各方关系安排省工委人员的职业和住所;三是尽力提供后勤供给,想方设法为省工委筹集活动经费和接济机关人员的生活;四是发动群众大力支持和掩护省工委人员。省工委机关转移到钟山英家,能够很快站稳脚跟开展工作,继续领导全广西地下党的斗争,顺利度过近三年最艰苦的斗争岁月,英家特支发挥了重要的作用,作出了重大的贡献。

（2）中共广西省工委转移到钟山

1942 年 7 月 9 日,在桂林的中共广西省工委机关遭到国民党反动派的破坏,省工委副书记苏曼、妇女部长罗文坤（女）、中共南方工委特别交通员张海萍被捕牺牲。省工委书记钱兴临危不惧，沉着指挥，组织党组织和党员紧急撤退，于同年10月将省工委机关转移到党的组织条件和群众基础比较好的英家乡，在中共英家特支副书记张赞周的掩护和协助下，在白沙井村后的桐油林中搭建茅棚，建立新的省工委领导机关，钱兴偕夫人邹冰母子以难民身份为掩护，艰苦地继续领导和指挥广西地下党的革命斗争。

省工委在英家期间，遵循党中央"荫蔽精干，长期埋伏，积蓄力量，以待时机"的白区工作方针，在极其恶劣的环境下，积极稳妥地开展党的活动。一是重建省工委机关及各地党组织，从广西各地抽调庄炎林、黄嘉、肖雷、吴赞之、韦立仁等同志到英家，组成新的省工委领导机关，迅速恢复省工委同各地党组织的联系，同时对桂东党组织进行调整，建立健全了保障省工委机关的安全体系。二是秘密刻印《为反对顽固反共分子继续摧残告广西当局暨各界父老书》、《为反对顽固反共分子继续摧残告全体同志书》，散发到全省各地，揭露敌人，教育和鼓舞同志。三是克服困难，生产自救。1943年9月，钱兴、邹冰、吴赞之以难民为名转移到牛峒，开荒种地、割草烧石灰换得稻谷，解决生活口粮，为党组织筹集部分活动经费。省工委克服重重困难，坚持斗争，经过一年多时间的艰苦磨练，使撤退到农村的党员站稳脚跟隐蔽了下来。四是积极寻找上级党组织，接上了与上级党组织中断的联系。五是开展整风学习，进行革命气节教育，为迎接新的斗争作了思想上的准备。六是领导和推动全省各地的抗日游击斗争，组织领导二十多支抗日武装，创建了著名的桂东北人民抗日纵队——临阳联队，开展抗日游击战争，为抗日战争的胜利作出了重大贡献。七是积极开展统战工作，支持疏散到昭平、八步等地的全国知名文化人士和爱国民主人士开展抗日救亡活动，使桂东的抗日民主运动得到蓬勃发展。1945年8月，根据形势的发展和工作需要，省工委机关由英家迁到昭平黄姚。

省工委书记钱兴，在国民党顽固派突然袭击的危难关头，坚持抵抗反动分子的追捕和屠杀，有条不紊地组织各地党组织和党员干部紧急转移撤退，保存和挽救了中共广西地下党组织；在钟山英家三年多时间，钱兴屈居茅棚，以难民身份为掩护，以开荒种地、割草烧石灰维持生活，在极其艰苦的条件下，含辛茹苦地为党工作，开创了全省武装斗争的新局面。

省工委机关在钟山英家三年多时间，克服重重困难，运筹帷幄，领导整个广西地下党的革命斗争，度过了白色恐怖的艰难时期，对全省的革命斗争做出了卓越的贡献，为广西各地培养和输送了大批优秀干部，为后来桂东地下党在英家发动"六五"起义和钟山的解放打下了重要的基础。

（3）英家武装起义

1947 年 6 月 5 日，根据省工委横县会议精神和部署，英家特支在中共桂东特派员吴赞之的领导下，组织和发动了英家武装起义，取得了袭取英家乡公所、夺取英家粮仓（英家粤东会馆），实现开仓济贫（分粮 3000 多担）的胜利。

英家起义，遭到了国民党反动当局的疯狂镇压，地下党员罗玉坚、何仕南和群众骨干周福标壮烈牺牲。起义队伍转移到花山山区坚持斗争，因力量悬殊，一个多月后被迫分散转移，起义领导人吴赞之、张赞周等人分别转移到桂东各地和广东西江游击区。

英家党组织坚定不移地贯彻执行省工委关于在全省举行武装起义的决定，在英家古镇打响了解放战争时期，广西地下党领导的武装力量反对国民党反动派的第一枪，揭开了解放战争时期广西各地武装起义斗争的序幕，为后来广西各地开展的革命武装斗争提供了宝贵的经验，在钟山的革命史上谱写了光辉的篇章。英家起义，意义非同寻常，影响深远，英家人民也做出了巨大的牺牲。

（4）解放前夕中共钟山县地下组织活动

解放前夕，中共钟山地下党组织根据中共桂东地工委的指示，实行特派员制的领导体系。在特派员黄颂春、副特派员钟镇静的统一领导下，钟山地下党组织广泛发动群众，反对国民党反动派的独裁统治，在大力发展党团组织，建立秘密农会的同时，先后组建了钟山第一游击大队、第二游击大队等人民武装，开展武装斗争，配合南下的中国人民解放军四十军一一九师于 1949 年 11 月 20 日一举解放了钟山，接管了国民党地方各级政权，为建立和巩固新生的人民政权做了出重要的贡献。

5. 交通运输

随着交通基础设施日益完善，钟山县已融入贺州市"五高三铁两江一机场"交通网络、即"五高"：桂梧、永贺、广贺、贺巴、贺韶 5 条高速公路；"三铁"：贵广、洛湛、柳韶 3 条铁路；"两江"：贺江和桂江；"一机场"：拟选址在钟山回龙的贺州机场。钟山由此拥有由机场、铁路、高速路、国道组成的南北东西贯通、水陆空立体化的交通网络，成为湘桂及西南诸省通往粤港澳多条经济大动脉上的交汇点和桂东交通枢纽之一，全面融入广西北部湾 3 小时经济圈和珠三角地区 2 小时经济圈。

6. 主要城市荣誉

全国计划生育优质服务先进单位；

全国"平安畅通县"；

全国"平安农机示范县"；

广西区县域经济发展进步奖；

广西区科学发展进步奖；

广西区社会治安综合治理先进县；

广西区无公害水稻生产示范基地县；

广西区无公害蔬菜生产示范基地县；

广西区职业教育攻坚工作先进县；

广西区人口计生工作先进县。

（四）瑶族风情满富川

富川瑶族自治县位于广西壮族自治区东北部，东连湖南省江华瑶族自治县，南临钟山县，西与恭城县接壤，北与湖南省江永县相连。全县辖 13 个乡镇，145 个村（街、居）委会，总面积 1572.36 平方公里，总人口 29 万，其中县城人口 3 万。县政府所在地位于美丽的碧溪湖畔，清澈的富江河从县城中心流过。县城距贺州市 60 公里、桂林市 180 公里、南宁市 550 公里、广州市 380 公里。

1. 旅游资源

富川建制于汉武帝元鼎六年（公元前 114 年），历史悠久，山清水秀，景色宜人，自然景观秀丽奇特，古迹甚多，历史文化丰富多彩，民俗风情绮丽多姿。有古风十足的瑞光塔和民俗浓郁的凤溪古民居，秀水状元村有闻名遐迩的富川八景旅游名胜，被誉为"小桂林"的秀水风光，凤溪民族风情晚会，享有山水之腴的川岩，古朴雄伟、布局严谨的古明城，饱经沧桑、古色古香的回澜风雨桥和灵溪庙，碧波荡漾、风光旖旎

秀水风光

1 秀水村建筑　2 回澜风雨桥

的碧溪湖等。富川风景独特，多姿多彩，令人流连忘返，是中外游客心驰神往的旅游胜地。

富川聚集着汉、瑶等民族，他们的居室、服饰、婚娶、礼教、文化娱乐等各方面习俗迥异，有着各自的鲜明特点。

当您到富川领略美不胜收的自然风光的同时，还将沐浴在悠久的历史文化气息之中，同时又与当地热情好客的汉、瑶族民众融为一体，去接受那瑶妹抛来的绣球，品尝那香喷喷的瑶山油茶，并与瑶族姑娘一道跳舞、游戏，令您享尽"当新郎、背新娘、抢红蛋、对山歌"的乐趣。

富川瑶族姑娘采摘脐橙

富川瑶族姑娘采摘黄花梨

富川还有一个很独特的风俗，就是每年正月农历初十，有"炸龙"的风俗。它与中国传统的舞龙有很大的区别，非常惊险刺激。炸龙从农历初十持续到元宵节，在这期间，还可以在县城老城区欣赏各种各样的花灯。

2. 富川美景

朝东镇：朝东镇位于县城西北面，与湖南省江永县的桃川镇、源口乡交界，距县城27公里。朝东镇是富川的重镇之一，也是贺州市十三个重点小镇之一。朝东"状元村"景点区驰名中外。近几年来，朝东镇充分发挥自身山清水秀的自然条件以及古迹甚多的人文条件，加快推进秀水和福溪旅游景区建设。秀水旅游景区建设以佳山丽水的秀峰景色、明清时期遗留下的青砖瓦房为依托，凸显厚重古朴的村庄特色。现秀峰山庄已通过初审，秀水状元村列入自治区名镇名村建设，并已获得"广西特色景观旅游名村"称号，2013年被国家住建部、文化部、财政部命名为第一批中国传统村落。2014年初被国家住建部、国家文物局命名为中国历史文化名村。在五座山梁包围之中的宋寨福溪，以历史悠久的门楼、特具古色古香的立柱抬梁、熠熠生辉的功绩牌匾为特色，加快保护与提升工程。现福溪村已列入自治区名镇名村建设，并获得"广西历史文化名村"称号。

富阳镇：富阳镇是富川县委、县政府所在地，是全县政治、经济、文化和交通运输中心。全镇辖区面积205.2平方公里，是富川第一大镇。近几年来，富阳镇在保护原有古民居和城墙城壕、古戏台、灯楼、鹅卵石花街、文庙武庙等的基础上，加快推进古明城4A景区建设。同时，清溪山庄四星级农家乐饭店、铁耕源农家饭庄二星以上农家乐饭店均通过初审；清溪山庄农家乐投入110万元用于修建游泳池、平整烧烤场地、改善农家住宿、添置游乐设施等。铁耕生态新村旅游点建设进一步完善。

城北镇：城北镇位于富川西北部，距县城15公里，东邻葛坡镇，北通朝东镇及湖南江永县，西与桂林市的恭城县接壤，系富川县七个小城镇建设重点乡镇之一。近几年来，城北镇以着力打造"印象凤溪"为契机，以瑶族民俗风情为特色，加快旅游景区建设步伐。厚重而精美的窗台屋檐，造型奇特的骑羊屋角，花鸟彩画配饰的墙体，古老的建筑和精美的文化交相辉映，成为该镇旅游景区的特色。现凤溪农家饭店通过初审；凤溪瑶寨投入80多万元实施凤溪阁后山公园鹅卵石路，并实施川岩景点项目规划建设，风情晚会品牌已成功打造实施。

此外，福利镇神仙湖生态休闲园投入150多万元修建了农家乐接待餐馆、中心岛民族风情表演场、湖堤路建设、堤岸亲水平台、园区内道路等项目。莲山镇大莲塘蝴蝶歌传承基地进入收尾阶段。新华乡虎马岭长鼓舞传承基地进入收尾阶段。白沙镇洞尾生态文明村乡村旅游点建设得到进一步完善。富川瑶族蝴蝶歌、长鼓舞、瑶锦瑶绣等非物质文化旅游资源得到积极开发。

3. 今日富川

近几年来，富川瑶族自治县围绕打造"中国瑶族文化旅游目的地"目标，以"三镇三景区二名村一长廊"重点旅游景区建设为龙头，深入挖掘瑶族民族文化，加快推进各旅游景区建设，文化旅游产业新发展。

富川县围绕旅游景区建设总体规划，积极把握自身定位优势、资源

富川城乡风貌改造

优势和后发优势，将旅游景区建设与抓新农村建设、瑶族文化建设、生态文明建设相结合，积极完善配套服务设施，大力发展以古村文化、生态山水、瑶族风情为重点的瑶族文化旅游。"三镇三景区二名村一长廊"旅游景区建设有序推进，即以富阳、朝东、福利3个广西旅游名镇，古明城4A景区、秀水4A景区和神仙湖景区，秀水、福溪2个历史文化名村，富阳－白沙沿线的岭南瑶族文化展示长廊为重点的旅游景区建设加快步伐，旅游景区建设亮点纷呈。

（五）茶香袅袅绕昭平

昭平县地处广西东部、桂江中游，县域面积3273平方公里，介于北纬23°39′–24°24′，东经110°34′–111°19′之间，东邻贺州市八步区，西靠梧州市蒙山县，东南与梧州市苍梧县接壤，西南与梧州市藤县交界，北与桂林市荔蒲县、平乐县和贺州市钟山县相依。昭平县距贺州市区128公里，梧州市200公里，桂林市210公里。

1.区域概况

昭平县辖昭平镇、文竹镇、黄姚镇、富罗镇、北陀镇、马江镇、五将镇、走马乡、樟木林乡、凤凰乡、木格乡、仙回瑶族乡等7个镇、4个乡、1个民族乡，159个村（街、社区）委会。总人口43万，其中农业人口33.73万，有汉、壮、瑶等民族。

2.自然资源

森林资源：当地空气清新，气候宜人，雨量充沛，河道密布，群山环绕，原始森林、次森林和人工林连绵叠翠，森林覆盖率80.7%、绿化率98.18%。森林植被繁茂，种类众多，有野生植物

昭平林海

昭平高山茶园

1700 多种，其中有世界稀有树种小叶红豆、四方竹等。广西最大的原始森林之一——昭平七冲原始森林有林面积 74.8 平方公里，森林覆盖率 95%，古木参天，是省级自然保护区。

矿产资源：蕴藏着十分丰富的矿产资源，重要矿产有金、银、铁、镁、锰、铅、锌、白云石、石英石、大理石、花岗岩、重晶石等 20 余种。

水能资源：境内众多河流属桂江水系，桂江由北向南流经全县 7 个乡镇，有思勤江、桂花河、九龙河、富群河、临江河等 14 条较大的支流。目前已查明，全县水力资源

桂江

理论蕴藏量为 38.5 万千瓦，技术可开发量 25.2 万千瓦，境内规划建设电站 44 座。

农业资源：名优特产繁多，主要盛产茶叶、黄姚豆豉、沙田柚、蚕茧、晒烟、八角、蜂蜜、茶油、松香、木衣架、青梅、玉桂、灵芝等，其品质优良，众多产品已远销粤、港、澳和东南亚及欧美等国。茶叶，是昭平县新兴的绿色支柱产业之一。"将军峰银杉"、"凝香翠茗"、"桂江碧玉春"、"象棋茶"等"昭平茶"系列品牌，曾荣获中国"陆羽杯"名优茶评比特等奖、全国新技术新产品交易会金奖、中国（国际）首届名茶博览会金奖，获得国家农业部中国绿色食品发展中心"绿色食品"认证。

昭平茶园

黄姚古镇居民在晾晒豆豉

旅游资源：昭平山川秀丽，风景旖旎，旅游资源十分丰富。黄姚古镇是千年古镇，素有"梦境家园"之称，古镇曲径通幽，古榕参天，千年石板街、古戏台、宝珠观（广西省工委旧址）、文明阁、古石桥和奇峰溪流，构成一幅自然天成的国画《古镇神韵图》，令游客流连忘返。

桂江生态旅游景区

黄姚古镇全景

同时，该县境内还有大广原始森林、五叠泉瀑布、马三家瀑布、黄花山温泉、孔明岩、出气岩、九如洞、北陀古墓群、天然睡佛、桂江风光等景色迷人的景区。"昭平茶"香飘万里，昭平生态茶园风光也是旅游的好去处。全县现有茶园 5 万多亩，年产茶叶 3000 多吨，"品昭平茗茶，游黄姚古镇"已成为昭平旅游的一大亮点。

3. 历史沿革

昭平，古为百越地，亦称南越地。秦始皇三十三年（公元前 214 年）统一岭南，置桂林郡，县地属之，史来首次纳入中国版图。

朝代更迭，县地一度隶属临贺县；至南朝梁武帝普通元年（公元 520 年）置静州，属之；隋开皇十年（公元 590 年）受桂州总管府监察，炀帝大业三年（公元 607 年）改州为郡，属始安郡。

唐高祖武德四年（公元 621 年）复置静州，贞观元年（公元 627 年）改静州为富州，历五代十国，直至宋太祖开宝五年（公元 972 年）废之，撤马江、思勤两县，并入龙平县，改属昭州。

因宋时国乱，反者四起，治者平后任用土官统治土民。宣和六年（公元 1124 年），宋徽宗改龙平县为招平县，谓招抚平定之意，"招"字不雅，改用光明、明亮的"昭"字，始得名"昭平"。考宗淳熙六年（公元 1179 年）复称龙平。元大德五年（公元 1306 年）昭州改为平乐府，属之。

明洪武十八年（公元 1385 年），撤龙平县改昭平里，历近 200 年民乱，至万历四年（公元 1576 年）重设昭平县。此后，昭平县建制基本稳定至今。

清因明制。民国初，属广西省桂林道。解放初，隶平乐专区属广西省人民政府。1958 年 7 月，撤平乐专区改属梧州专区，1971 年改专区为地区，属梧州地区。1997 年设贺州地区，属贺州地区，2002 年贺州撤地设市至今，属贺州市管辖。

4. 交通运输

主要公路有经由昭平县城分别与 323 国道（钟山段）和 321 国道（蒙山段）及与贺州、钟山、苍梧等县市相通的县级公路，已经建成通车的桂（林）梧（州）高速路自北向南纵贯该县东部区域，并设有黄姚、樟木林、富罗、马江 4 个出口。设有昭平汽车总站。

水路交通便利，桂江自北向南纵贯全境，桂江上连漓江、下接西江，建有昭平、马江等港口。水运常年通航，船只上通平乐、桂林，下达梧州、广州、深圳、香港、澳门。

5. 科教文卫

2013 年春季学期，全县有各级各类学校 273 所，其中县办幼儿园 1 所、乡镇中心幼儿园 4 所，私立幼儿园 37 所，学前教育在园在班 8974 人；全日制小学 211 所（其中县直小学 2 所、特教学校 1 所、中心小学 17 所、村小 130 所、教学点 61 个）；小学在校生 31993 人，适龄儿童入学率为 99.6%，适龄残疾儿童少年入学率为 83.2%；初级中学 17 所，初中在校生 13149 人，初中阶段入学率为 98.20%，九年义务教育巩固率为 84.1%；小学毕业生升学率为 100%，初中毕业生升入高中阶段升学率达到 89.4%；普通高中 2 所，在校高中生 5660 人；职业教育中心 1

所，全日制在校生 883 人。全县中小学校教职员工 3784 人，中小学专任教师合格率为 100%。

2009 年，全县设立公立医疗机构 22 个，其中二级甲等医院一家、一级甲等医院 4 家、一级乙等医院 5 家。全县卫生系统获技术职称 684 人。有床位 325 张，卫生技术人员 800 人。全县有 153 个行政村设立了卫生所，有乡村医生、卫生员 328 人，健全了县、乡、村三级医疗卫生保健网络。

昭平县近十年大力打造古镇文化、茶文化和抗战文化等品牌文化，境内黄姚古镇被誉为中国四大名古镇之一；广西省工委旧址是著名的红色教育基地，昭平县委宣传部出版的《烽火昭平》再现了何香凝、欧阳予倩等历史文化名人和广西省工委在昭平开展抗日救亡和革命活动的那段岁月。昭平县开展创建文化先进县活动，乡镇都建设有宣传文化中心，乡乡建起图书馆(室)和村村通广播电视。不断完善县乡文化基础设施，在县城建成了占地 28 亩的文化广场；兴建了县体育馆、县博物馆大楼和老年活动中心；调整充实了县歌舞团，组建了 15 个农村业余剧团；县图书馆逐年完善，努力提高档次，现有藏书 9 万册，被评为自治区一级馆、国家二级馆、国家文明图书馆。

6. 主要城市荣誉

全国文明城镇；

全国造林绿化先进县；

全国造林绿化白佳县；

全国十大产脂基地；

中国长寿之乡；

全国文化先进县；

广西区城镇化综合示范县；

广西区文明县城；

广西区社会治安治理模范县。

六、古风神韵

（一）桂东古郡临贺（潇贺古道）

从西汉到中华人民共和国成立的两千年间，临贺一直都是历代州、府、郡、县治驻地。1952 年 8 月，贺县人民政府驻地从贺街镇搬迁到八步镇。

临江与贺江在秦代同是沟通南北文化的重要通道，而在马王堆出土的"地形图"中，潇贺古道标明贺州属封中地界。

秦时，贺州桂岭镇七里山与开山镇豪界村便有秦修古道，昔有"桂岭古道越萌渚岭沟通粤楚"之说。贺江的支流桂岭河因为水浅滩险，仅能行驶小船，而主流临江则可通大船。汉高祖

位于八步区桂岭镇七里村的七里古道凉亭

十一年（公元前 196 年），刘邦派中大夫陆贾出使南越，走的就是潇贺古道。在陆路交通闭塞的漫长岁月里，水路运输维系着萌渚岭谷地流域内芸芸众生的生存。舟楫自西江逆江而上，在穿越了重要险滩之后，到了临江、贺江的交汇处便豁然开朗。在漫长的历史交往中，这里成为了中原文化与岭南文化的交汇点。后来由于客家人的迁入，商业经济逐步繁荣，城镇规模迅速扩大，成为历史上广西著名的四大古镇之一。

约西汉中期，城址往临江方向上移一公里，即今贺街镇长利村的洲尾旧城址。遗址内分布有大量的陶瓷碎片，该城址比旧县城址要大得多。到了东汉时期，由于洲尾城址地势较低，常遭洪涝灾害，城址再次迁移至今天的贺街镇河西古城址。旧县肚和旧洲尾城址均在临江的河东一侧，

临贺故城河西旧城址

河西旧城址是一个全新规划、规模宏大的城市新城址。

　　河西古城至今巍然屹立。古城的东垣依临江河岸为天然屏护，沿江的上关街和下关街也有历代修建的砖砌护城墙。古城内主要以县衙、捕厅、文庙、书院等行政文化建筑为主，辅以小型的商业铺面，其余均为民居建筑。现今仍保存较完整的建筑有县府衙门、临江书院、各姓氏宗祠、文笔塔、历代古民居、最古老的砖砌码头和近代所建的石砌大码头、

临贺故城

文庙遗址等。从河西古城池的布局中可以看出，在很早以前，我国城市建设就已经具备了较完整的行政、经济、文化、宗教、贸易、防御等综合功能。

临贺古城重新被发现，证实经过贺州的秦代潇贺古道，不仅是沟通岭南、岭北的一条重要通道，而且是沟通古代"陆上丝绸之路"和"海上丝绸之路"的一条重要通道，是沟通中国南北与世界各国经济文化交流的重要通道。

1. 潇贺古道

临贺下辖的富川麦岭，地处湘桂交界，自古以来也是兵家必争之地。这里人文气息浓厚，有着浓厚的历史文化积淀。有秦皇古道，与兴安灵渠同辟，史称潇贺古道；更有历代营房，与平乐古府同署，世称麦岭武府；有永济凉亭、文昌阁楼，留存人文大观。

这条潇贺古道是汉朝交通命脉，后为唐至明清的富川驿道，皆从湖南永州、道州而出，沿谢沐关而入至两广，经冯乘、富川水陆兼程后到达苍梧。潇贺古道的开辟，推动了岭南地区人口、经济和文化的发展繁

位于富川瑶族自治县境内的潇贺古道

荣。古道上每十里便修建一塘一亭，以方便征战与过往商旅歇息。富川的凉亭建筑历史悠久，风格别致，人文内涵丰富，建筑时期不同，结构各异，构造却十分考究。凉亭多为拱形，南北对穿，两厢设有木板石凳，供来往行人小憩。有名的凉亭如雪鸿亭、永济亭、承恩亭、公悦亭、礼仪亭、孺子亭等，充满了文化底蕴，其修建和命名都有着自己的典故。而亭里的楹联壁画也是异彩纷呈。除了通用的"三娘教子"、"岳母刺字"、"孔融让梨"、"凿壁偷光"，也有当地的人文故事，如仙娘与白龙、廷枢与兰芝、放牛娃封侯等，亭门楹联对仗工整，大气雄浑。

永济亭是富川最古老的建筑，始建于汉武帝元鼎六年（公元前111年），与富川置县同年。永济亭处于富川和湖南的交界处，是楚越分界的界亭地标，同样是潇贺古道广西段的第一座凉亭，两千多年来一直屹立在桂湘交界最高处。

永济亭还是富川众多凉亭中最有影响力以及贺州古文化的代表。历史上，它见证了秦尉屠睢拓疆、汉将马元平南、唐李靖抗梁、五代马殷兴楚、北宋狄青征粤，以及南宋岳飞抚瑶、朱盛浓抗清、鄂尔泰立府、石达开攻关、陆荣廷入湘、李宗仁北伐、白崇禧拒蒋；更有红七军由此北上井冈山、红九军团长征转移、四野十四军119师解放广西、解放军常驻屯兵垦荒等英雄事迹。

永济亭亭名史传为柳宗元巡边视察所写，亭内还有唐代诗人刘禹锡所提"西雨东晴，瑶瑟楚韵"，刘禹锡曾任连州刺史，对南岭瑶族歌谣有一定研究，因此才能写得出如此意境的名句。而柳刘二人情同手足，曾在永济亭一同小憩，品茗畅谈，并留下墨迹于此。此外，永济亭中还有许多珍贵碑刻，如北宋周敦颐题写的"香远益清"，而永济亭外墙则有红军长征时用石灰水刷的标语。

麦岭最经典的建筑要算是文昌阁。文昌阁建于都司衙署上，与总衙署的建筑风格一致，几百间病房，军器库鳞次栉比，透着远古兵营气息。

文昌阁高大雄伟，气势磅礴。正门右匾上书"南岭儒范"，二楼则是由大书法家何绍基所书"永振儒风"，三楼古匾为周敦颐所题"香远益清"，四楼额匾则为后人所书"两粤巨望"。唐宋时期，巡防永州司马柳宗元，省亲路过的青莲居士周敦颐，被流放的文豪苏轼以及诗豪刘禹锡，都曾经在此小憩，品茗留墨。

2. 开湘状元

历史上的临贺故城出现过不少的名人，《灌溪李氏族谱》载，李郃出生于书香门第。唐文宗年间，文宗面试，李郃擢进士第一，为唐代开湘状元。后李郃任贺州刺史。大和三年（公元 829 年），文宗下贤良方正诏极言直谏者于廷，策以时务，用"箴谬政"。李郃参加了制科考试，文宗上御宣政殿亲试制策举人。同科举子刘黄在试卷的对策中，直言不讳论宦官乱政之祸，考官赞服，但不敢录取。李郃作《让第刘黄疏》，上疏文宗，为之鸣不平。在当时的政治背景下，李郃以博大的胸襟、不悔的气节，将正大之德置于功名之上，开了科举取士让第之先河，被载入史册。

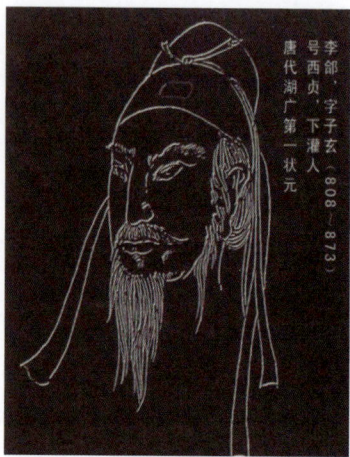

大和五年（公元 831 年），23 岁的李郃以科举状元与制科"贤良方正能直言极谏科"的功名，出任岭南道贺州刺史之职。《宁远县志》载：李郃到贺州后，宽惠为政，和易为治，贱敛贵发，任用有为的官员，荐举德能兼备的官吏与地方名士。"对欺压百姓、危害社会之徒，给予严厉制裁；官吏中清廉者，予以体恤；百姓中贫穷难为生计者，给予救济。常走出调查，敦促各地注重礼教，劝导农民发展生产。"《宁远县志》载："经过七年治理，生产发展，社会安定。李郃因此获得同僚的

李郃，字子玄（808～873），号西贞，下灌人，唐代湖广第一状元

李郃像

敬重和百姓的爱戴，并被尊称为李贺州。

在宁远县湾井镇下灌村的状元故里，至今仍能感受到厚重的农耕时代的繁华鼎盛与兴盛之时商贾云集的历史气息。村中有"李氏宗祠"，三门，一进三座。祠内供奉李郃及先祖塑像3座。右侧墙有始祖道辨公生平事略、历届《族谱》辈序排行、郃公生平事略、郃公让第刘黄疏碑刻。

另外，村中有一栋宋代为纪念"开湘状元"李郃而建的状元楼，历经元、明、清修缮，保存尚好。楼宇坐北向南，为12根木柱台梁式建筑。楼高10米、长9米、宽8米，悬山顶屋面，雕花栏窗，拱棚飞檐。楼中有一块"状元楼"巨碑，碑中正文字迹模糊，修缮日期可辨"清光绪三年"字迹。外观状元楼，八角展翅凌空，飞鸟翘首而立，蔚为宏伟壮观。现存的状元楼为清光绪二十一年（公元1895年）所修。最令村人引以自豪的是状元楼正门上方悬挂的红底烫金"状元世家"的牌匾。它朴素而真挚地寄托着村民缅怀先贤，希冀科名茂盛、人才辈出的良好愿望。

（二）铺门石城

铺门石城位于八步区铺门镇的中华村，建于明代隆庆五年（1571），奇特的自然景观，大自然鬼斧神工的杰作，古代海上陆上丝绸之路连接点，为信都八景之一。石城之独特，首先在于它环状的环境空间，东西两面尽是百仞石山，奇峰陡壁，景色优美，令人望而生畏，"石城天险"之称便由此而来。

石城由天然陡峭石山作城墙，西北面紧邻贺江，古人只用石块建起南北城门，易守难攻，故又被誉为天险石城，举世无双。城中约四万平方米，点将台，猪笼炮台，青石板路，旧石宅基，古墙古壁，相互辉映。两旁的石山奇幻多变，石蛇、石龟、石牛、石猪等，既神似又形似的自然天成景观众多，让你惊叹，同时，石城内外古木参天，石峰林立，独具风情。如今，石城内仍居住着十多户人家，民风纯朴，生活自得。附

铺门石城

近的石山地下还有原始溶洞，有清澈见底的地下河，有迷幻多姿的钟乳石，有天然的大厅、断崖、石梁、石桥，还有小蝙蝠……探洞过程神秘刺激。

石城内的古代官衙遗址仍然清晰可见，据专家论证铺门石城还是全国巡检司的起源地，也是两广分界线、广东话的起源地。

（三）玉坡村

玉坡村地处钟山县城 25 公里的燕塘镇，座落于喀斯特地貌的群山之中。该村依山傍水，村前小溪环绕，村后绿翠欲滴，周围的笔架山、龙头山、三台山惟妙惟肖，景致十分可人，历史上因进士、举人多，做官人多，有钱人更多，为方圆百里有名的富贵窝和官宦之乡，且该村院深楼高，村固如堡，而被誉以"小南京"之美称。

玉坡村始建于宋，为其祖廖正一（宋元丰进士，江西抚州府金鸡县人），因官于昭之旧县龙平而选胜山之秀，水之媚，玉蕴坡岗，冬温夏凉的坡麓——玉坡坊为其子孙世代安居之所。到了元末，由于瑶壮民起义所扰，而迁居桂阳，明朝中，而重回故疆。

玉坡村古建筑群

　　玉坡村自古是一个注重教育的村庄，特别是在学而优则仕的封建时代，读书习武，更成为该村一大风气。据史料记载，明清时期该村就有举人、进士近二十人，且大多入仕后都外出为官，有官至云南别驾、文林郎、梧州总兵、副总兵、参戎及河南光山、广西桂林、龙坪，灵川、柳城、全州等府县知县、知事、教谕、训导、儒学。该村田地远波恭城、荔浦，大有买尽世间田之势。特别是该村的玉溪，田地特别多，解放前85％以上的人家都有较多的出地，实为有名的富贵窝。新中国成立划定阶级成份时，该村村民成份全在"中农"以上，被称之为没有"贫下中农"的村。目前玉坡村仍保存着数十间旧式青砖大屋及数十公分厚的护村石墙和一些古井、门楼、石板巷道、石桥、古祠庙、石牌坊等。恩荣石牌坊是该村最具特色的古建筑，也是广西有名的古建筑之一。该牌坊位于该村廖氏宗祠前，为清乾隆十七年（1752年）该村进士廖世德为纪念其祖所建，牌坊占地 10.30 平方米，四柱、三间、五楼、庑殿顶，宽 6.18 米，进深 1.66 米，通高 7.32 米，通体青石建造，牌坊满布圆雕、高浮雕和浮雕，用料宏大厚实，石柱立在石基座上，柱前后均设抱鼓石，起护杆作用，其中中柱正面抱鼓石上镂雕石狮，明间正楼庑殿正脊两端饰反尾上翘鱼鸱吻，正中为宝葫芦顶，四斗拱间为透雕花窗，横枋下正中石匾竖刻楷书"思荣"二字，花抬枋及枋间的石板为高浮雕和透雕镂空的"双龙戏珠"、"双狮戏球"、"麟吐玉书"、"丹凤朝阳"、"八仙贺寿"、"鱼跃门龙"等十多组玲珑剔透寓意深刻的题材。该牌坊雕工精细，刀法娴熟，是一件不可多得的艺术精品，2000 年被广西壮族自治区列为重点文物保护单位。

（四）龙井村古民居

八步区龙井村拥有大量清朝同治至光绪年间的古民居群，古民居建筑技术精湛，建筑物雕龙画凤，至今保持完整。龙井村也是本地人聚居的一个重要村落，至今仍保留着本地人的奇特生活习俗。龙井村是研究贺州本地人文化的一个重要窗口。龙井的千年古驿道全都是用条石铺设而成，总长 1000 多米，现虽然经历了千百年的沧桑，但仍可见当年的历史足迹。居民区的龙井泉水甘甜芳香，冒出一尺多高的串串水珠还能预测天气。1977 年，上海电影制片厂在此拍摄电影《欢腾的小凉河》，之后村民将流经此地的沙田河称为"小凉河"，沿河风光优美。

龙井村自南宋时期，本地人开始迁入，明朝时达到了高峰，龙井村人以自己的勤劳和智慧，开拓田地、发展工商业，到了清朝完成了生产资料的原始积累。依靠积聚的财富，在村中大兴土木，将村寨修建得气派非凡。

走进龙井，随处可见古韵古香的村巷门楼、樟榕相抱合卺的奇景，专供婚嫁男女度蜜月用的洞房；还有一口常年泉水碧澄、清澈甘甜的泉井。这口井凿于明万历年间，重修于清道光年间，位于龙井寨前的风光秀丽的沙田河畔，井分内外两井，相距两米，内井成正方形，供全村人

龙井泉

龙井旭升门楼

饮用；外井成长方形，用作洗衣物。井壁均用方条石砖砌成，井栏石上刻有飞龙花草。泉水从井底不断涌出，水珠串串，长年不竭，水质甘甜，为品茗上等泉水。传说龙井泉水能预兆风雨，因为这里原来是一片荒丘，有一山脉从西岭山的犀牛塘绵延而来，山形恰似一条龙。这条龙是龙母，村旁的水井是龙母的两只眼睛，因日夜思念西南边的公龙，常年"流泪不止"。有时悲伤过度，即翻身长叹，因此井水立即变黄，天即阴沉下雨。

在泉井的后面是一座有着400年历史的牌坊式门楼，上书"旭升楼"，是古时通往村里的唯一进口。在"旭升楼"后面10米处有一株树龄700年的古榕，自清代起就有一窝蜜蜂在树干中生息，至今站在古树下，你仍然可看到嗡嗡作响的蜂群飞进飞出。据说凡吃过洞中蜂蜜的孩子特别聪明。当年道光皇帝获悉后，特封此树为"榕树大将军"，至今敕封碑仍在。

走在被数百年历史磨得凸凹不平的鹅卵石村道，仿佛走进了一座迷宫，踏进了古人摆下的"迷魂阵"，摸不着东南西北。这些曲折迂回的巷道古时是用来抵抗外地入侵者的，带有明显的军事色彩。在古时一些达官显贵的院落，还有一条专供他们出行的"跑马道"，站在这里，似乎仍能听到马蹄"得得"的声音。在主道的两边，分别有一座上书"镇龙巷"和"拱北巷"的门楼，据说边接门楼的两条鹅卵石巷道是分别专供男女出入的专用巷道。

龙井的古民居就一座紧挨一座地散布在曲折迂回的巷道两边，民居一般为两进式加厢房模式结构，中间为一个用青石砖砌成的天井，以利排水和采光。天井后面则是用雕龙画栋的木板隔开的主厅，天井的两边是两个厢房，在正房的两边，还有两条通往厨房的过道，通过用档墙挡住的边门可外出。据说孙中山总统顾问张廷辅的故居两边厢房的窗户及屋檐上雕刻的花草虫鱼是足足用了 3 年时间才完成的。

（五）龙道古村

龙道古村则位于钟山县东南的董家峒，是一座有着 700 余年历史的村庄。

龙道村古民居群依岭而建，坐东北朝西南，背山面田，避风向阳，村前鱼塘环绕，村后山峦起伏，是一座典型的南方村落布局的古老村庄。由于龙道村的发展绕岭向东向南鱼塘前扩展，新建民居另辟新区，从而使原有的民居保存比较完整。龙道村古民居建筑群现仍有古民居近100 座，整个古民居群以巷道将平地古民居与坡地古民居分成两个部分，占整个古民居百分之二十的前平地部分古居民，又以封闭式巷道分为东西两个部分，东边部分为大四合院式，院正门东向，内有古民居 10 余座。西边以两条封闭式走廊向西深入，四个大户民居形成一个小整体，后部分古民居为该村古居民群的主要部分，约占整个古居民群的百分之八十，这部分古民居依岭就势建于缓坡上，数十座古民居由多条不规整的"之"字形巷道进入，大巷道则分子巷道，每条大小巷道口均设闸门或门楼，把所有古民居连成一个整体。

龙道村古民居多以青砖青瓦所建，墙体厚在 36—55 厘米，屋高大

龙道村古建筑群

多在 10 米之间，座与座之间或横向相连或纵向相连，十分封闭与密集，带着浓厚的隋唐建筑遗风。该村为陶姓一姓居民所居住，单姓独族，其祖于唐末由山东迁入。唐末天佑时期，山东青州太尉陶英以征南将军领兵出征昭州（今广西平乐）平乱，后因朱全忠篡位叛乱，不复北归，而解兵隐于昭州，后其长子迁居龙平县高村今钟山地，其后人于元朝时期建立龙道村。明清时期，陶氏后人秉承"勤俭持家，谦恭处世"的传统理念，使村子成为方圆百里有名的富裕村。

龙道村古民居以清中晚期为主，古民居群前以环绕的鱼塘为壕沟，内塘基筑砖墙以护村，村中巷道复杂，闸门众多，炮楼耸立，楼高墙厚，严如城堡，形似迷宫，神秘莫测，且家家户户均设有正门、侧门和后门，或与其他巷道相通；或与他家相连，带有很强的防御特点，从一定角度反映出清中晚期岭南社会的动荡与不安。清道光、咸丰时期是清王朝走向衰落时期，此时社会动荡，阶级矛盾激化，特别是广西，由于连年灾荒，民不聊生，农民起义不断，地方贼寇也趁机打家劫舍。这时龙道村所处的董家垌为昭平县所管辖，且富川县治所已迁富阳镇，地处边远，经常受到贼寇的骚扰抢劫，百姓常处于动荡与不安之中。为了防御匪乱，一些稍富的村庄纷纷筑墙修楼，龙道村古民居群主要也就是这一时期所规划建立起来的。龙道村古民居一户多门家家相连相通，处处是闸门与门楼，从村前到村后，足不出屋即可通达，有利于相互联系与照应。且整个古民居群炮楼分布得体，巷道曲折复杂，门道众多，利于逃避与防御，是我们了解清代军事防御的一个实例。

（六）人杰地灵"状元村"

秀水"状元村"，位于富川县朝东镇境内，距县城30公里。在通往湖南江永县桃川镇与广西恭城县的富桃公路边，景区前接桂东及粤港澳台旅游黄金线，后靠桂林、阳朔旅游大圈，平坦宽阔的旅游公路贯穿其中。村境之内有"三江涌浪"、"灵山石宝"、"眠兔藏烟"、"天然玉鉴"、"青龙卷雾"、"鳌岫仙岩"、"大鹏展翅"和"化鲤排云"等八大景观，故有"小桂林"之美称。

秀水不仅自然风光美，而且人杰地灵，人才辈出。据查证，自唐、宋、元、明、清以来，在县志记载的133名富川历代科举进士名录中仅秀水状元村就占了27名，其中就有宋开禧元年乙丑状元——毛自知，因而，秀水又有"状元村"之美称。村内有状元楼、古戏台、古牌坊、古泉池、

秀水村状元楼

古罩壁等景观一批,有历朝历代皇帝赐封和官府贺赠的各式古牌匾一批,和唐、宋、元、明、清古民居建筑群以及古建门楼等古迹一批,因而又享有"宋元明清古建筑露天博物馆"之称。

秀水"状元村"建于唐开元年间,立村建寨距今已有1300多年的历史,始祖毛衷,是唐开元年间进士,为广西贺州刺史。该村自唐繁衍发展至今,人口已达2295人,原秀水状元村也因时代发展,支系繁衍,而划分为石余、八房、安福、水楼四个自然村,此外,这个当时历史上仅有150来人的一个小村,便设有三处商贸交易区,五座古戏台、四处祠堂和四所私塾书院(即鳌山石窟寺书院、山上书院、对寨山书院、江东书院,其中江东书院比梧州成化间创建的绿绮书院早250年)。

自改革开放恢复高考制度以来,秀水"状元村"考取全国各重点名牌及普通院校的大中专生人数就达120多人。真可谓古今文化底蕴深厚,风光风俗淳美,人才辈出,贤杰不尽。2012年,该村被国家住建部、文化部、财政部命名为第一批中国传统村落。

(七)富川古明城

富川古明城位于富川县都庞岭余脉的西屏山下、富江上游的瞭高岭旁。据旧县志载,该城建于明洪武二十九年(公元1396年),始为土墙,明万历年间(1573年—1620年)改为砖墙。城墙周长2113米,高6米,宽2.7米,垛口909个,城东西距500米,南北距600米,总面积为0.3平方公里,外有护城壕。城南有七层古塔,塔下有慈云寺,与城北蟠龙山和城东马鞍山对峙,形成天然屏障,是一座进可攻、退可守的军事古城,也是广西难得的保留较完整的古县城遗址之一。几百年来重修过8次。

明城原有4座城门:东为升平门,西为泰定门,南为向日门,北为迎恩门。城门高6.5米,周长51米,原为砖建,清乾隆八年(1743年)易砖为大方青石。每块一般长1.8米,高0.58米,厚1.02米。每座城门大约由831块至896块这样的大青石块砌筑而成。城门造型大同小异,

古明城

都有中道门。门道高 5.1 米，宽 4 米，纵深 14.7 米。城门的中道门居中部分，有两扇铁木结构的严厚大门。上有铜钉铁叶，巨型门环。大门扇上方的楼廊有暗道与城门外 15 米长的地道相通，可上可下，攻守齐备，进退自如。四座城门现仅存东、南两门，已修葺一新。东门顶为圆拱型，城门上的城楼采用"木廊结构"，由 8 根高 6 米、直径 30 厘米的木柱支撑，不用一根铁钉，青砖青瓦，红柱飞檐。城楼下另有"鲤鱼石"作标记，石上有鲤鱼图案。南门用较大的卡条石镶砌，门扇外用铁皮作保护层，在紧靠城门的内拱上留有一个长 4 米，宽 3 米的"箭洞"。南门以"芒鞋石"为标志，它是用一块鞋底状的黑色石头，镶在一块青石上。

（八）福溪瑶寨

福溪瑶寨位于贺州市富川瑶族自治县油沐乡，始建于南宋，兴盛于明朝，距今已有一千多年的历史。寨子四面群山环绕，层峦叠翠宛若天然画屏。一条清澈见底的溪流穿寨而过，颇有世外桃源的味道。最让人惊讶的是，这个小小的村寨，竟与一代君王——秦始皇结下"缘分"。

史载，当年秦始皇为开辟岭南通道，在广西境内修筑"潇贺古道"（秦古道）和"桂州通衢"（兴安灵渠）两大工程，其中"潇贺古道"有一段恰恰从富川经过，长达65公里。福溪古寨邻近"潇贺古道"，据史料记载，当时"古道繁忙，车辙不绝，商贾穿行，货运不息"，是沟通中原与岭南地区文化、商贸的主要脉络。受其影响，福溪一度商铺林立，熙攘繁华。

漫步光滑如镜、曲折幽深的青石板街，古寨旧时开设的豆腐坊、熬酒坊、油榨坊、造纸池、染布铺、打铁铺至今犹存。吱吱嘎嘎推开一扇临街的木窗，对面可能就是沽酒的铺头。

古寨民宅皆为宋代风格的砖瓦房。在一家四代同堂的何氏古屋里，3米高的雕花木门6扇合一，尽管漆色剥落，但雕工细致的凤凰朝阳、姜太公钓鱼、喜鹊登枝等图案，仍栩栩如生。

寨里十三座沿街而立的古门楼，这些门楼系木石结构，最宽的8米，最窄的2.6米。阁上雕龙刻凤，神韵各异。门楼其实等同于社区，一个社区的居民集中在一个门楼周围居住。门楼又像一个"单位大门"，供人们进出。平时，居民们聚集在门楼下"开会"，讨论生活大事。

福溪百柱庙

门楼还兼具"光荣榜"的功能。在学而优则仕的古代,寨子里出了不少举人、秀才。捷报传来,得志者将朝廷赐予的"文魁"、"武魁"、"进士"、"武举"等牌匾挂到门楼上,以示荣耀。同门居民也以此为荣。据考证,牌匾年代最早的为明朝洪武三年(1370年),最迟的为1946年。门楼下,左右两旁摆有石鼓,刻着莲花、菊花、兰花、蝙蝠等图案,叫"功德石",也叫"进士鼓"。

在古寨深处,有一座不费钉铆建成的百柱庙,因其工艺精妙,成为广西现存惟一一座采用月梁、穿斗、托峰、扶手榫枋建造的庙宇。

走进庙堂,整座庙宇由76根高2至5.6米,直径20至38厘米的古楠、古水杉圆木柱和44根吊柱支撑而成,通过月梁、托峰、托脚、榫卯固定。主柱雄浑劲拔,用莲花盆、云彩花盆石垫底。柱上云彩飘悠,蛟龙破雾穿云;斗拱纵横交错,不见一颗钉子。

每年元宵是庙庆的好日子,瑶民们聚在这里举行隆重的砍牛祭祖活动。被砍的牛必须是至少三四百公斤的公牛,高大威猛,毛色光亮。一双牛角上左边挂一只鸡,右边挂一只鸭,再系上红布条讨吉利。先用米酒把牛灌醉,再用两个大拇指般粗的绳子将其绑到柱子上。砍牛手砍下牛头,例行祭祀。

福溪瑶寨有一个令人不解的谜——生根石。高的矮的、大的小的,露出地面的生根青石分散在古寨各个角落,成百上千。但村民们从不破坏,而是因势利导,有的用作正屋天井的山峰盆景,有的当作大门口的"守护神",有的作为街道、巷道的栏杆或阶梯。就算石头拦在路中间,人们也甘愿侧身而过,不视为"拦路虎"。

福溪瑶民对生根石的崇敬,其实是一种象征生命力的传统崇拜,寓意瑶族人民顽强的生存能力。瑶民与生根石和谐相处,体现了人类朴素的宇宙观。逢年过节,人们还在生根石前烧香许愿,求神保佑风调雨顺、五谷丰登。

廊桥是容易产生浪漫的地方。江浙的廊桥文化通过潇贺古道传入广西，形成了风雨桥。古寨边，回澜、青龙两座鸳鸯风雨桥相隔 1 公里对望。两桥始建于明代万历年间，是自治区级重点文物保护对象，比三江程阳风雨桥还早近 300 年。这一对鸳鸯桥相传是明朝监察御史何廷枢为怀念情人，在回乡富川时建起。

两桥皆由石拱、桥亭和阁楼三部分组成，一座长 26 米、一座长 37 米、青瓦飞檐、玲珑美观，采用招梁式结构、榫卯结合而成，同样不费一颗钉子。桥面用青石板铺设，两旁有木栏和长条大木凳，供行人憩息、避风雨。桥设东、西、北山门，门有额题彩画。

福溪风雨桥传承的是岭南瑶族独特的廊桥文化，村民们闲时在风雨桥里唱戏、谈天说地，风雨桥就像一个文化活动中心，丰富当地人民的娱乐生活。

百柱庙现为国家级文物保护单位。2012 年，福溪村被国家住建部、文化部、财政部列为第一批中国传统村落。

（九）凤溪瑶寨

凤溪瑶寨位于富川县城北镇都庞岭下，与县城相距 10 多公里，邻近川岩秦古道。瑶寨山清水秀，彩云缭绕。全村上下，街道井然，门楼屋宇、神庙寺观、祠堂戏台、风雨桥等均出自明代。该村的文物古迹可以"六多"来形容。

凤溪村建筑

一是门楼多。该村按姓氏共分四坊，每坊各兴建有村头门楼、大舍门楼、大屋门楼、横街门楼，各大门楼内还有多个子门楼。门楼两侧都刻有对联，门楼上方的四方格中间，不是一幅生动的图画，就是"紫气东来"、"五谷丰登"等大字。

二是祠堂多。该村共有盘、陈、蒋、岑、李、翟等 6 大姓，每姓均建有一座祠堂。

三是庵院寺观多。仅此一小村就有"江边寺"、"中间寺"、"锁水庵"等 4 处。

四是庙宇多。"七星庙"、"封山庙"、"镇严庙"就建在村后的山坡上。

五是桥梁亭阁多。风雨桥有"朝阳"、"福寿"、"青松" 3 座。另还有"石拱桥"、"凤姑桥"和"八角亭"、"清风阁"、"孝子牌坊"、"敬字亭"和"圣迹亭"等古建筑。

六是古戏台多。古戏台与各姓的祠堂、寺、观、庙等建筑融为一体，形成古建筑群。据考证，富川瑶乡最早的戏剧班（即桂剧）就诞生在凤溪村。戏剧表演艺术更是源远流长，自清朝嘉庆、道光年间创建第一个戏剧班以来，至今不衰。

（十）"千年诗集"黄姚古镇

曾经有人这样形容过黄姚："黄姚古镇如同一本千年的诗集，被人遗忘在图书馆僻静的书架上，当人们不经意地走过，翻开这美丽的篇章，古朴而优雅的格调立即征服了人的心。"

黄姚镇位于广西贺州昭平县东北部，县城东北部 40 公里，北面与钟山同古镇、清塘镇接壤，东面与凤凰乡、贺州市公会镇毗邻，南与樟木林乡、富罗镇交界，西面与走马乡相依。她发祥于宋朝开宝年间（972年），距今已有一千多年，兴建于明朝万历年间，鼎盛于清朝乾隆年间。由于镇上以黄、姚两姓居多，故名"黄姚"。

2005 年 9 月 19 日在北京召开的中外旅游品牌推广峰会的授奖大会上，黄姚古镇被亚太地区旅游合作组织、世界华侨华人旅游合作组织和中外旅游品牌推广峰会组委会联合推介为"中国最具旅游价值古城镇"，成为我国最具旅游价值古城镇之一，也是广西唯一获此殊荣的古城镇。

1 梦境黄姚　　　　　　　2 郭家大院
3 黄姚古镇何香凝寓所陈列室　　4 黄姚古镇明清建筑

　　黄姚建筑群以其建筑群体文化品位高、历史遗产保留完整、建筑物与建筑物所处环境和谐得体而成为贺州市一处重要的人文景观。自然景观有八大景、二十四小景，保存有寺观庙祠20多座、亭台楼阁10多处，多为明清建筑，著名的有文明阁、宝珠观、兴宁庙、狮子庙、古戏台、吴家祠、郭家祠、佐龙寺、见龙寺、带龙桥、护龙桥、天然亭等。

全镇八条街道、房屋多数保持明清风格，街道均用青石板砌成。人文景观还有韩愈、刘宗标墨迹，钱兴烈士塑像，何香凝、高士其、千家驹等文化名人寓所，以及众多诗联碑刻。

抗战后期，黄姚是从桂林疏散而来的爱国民主人士和进步文化人士如高士其、欧阳予倩、莫乃群、千家驹和民盟等民主机构的避难所。黄姚还是抗战后中共广西省工委所在地。在省工委书记钱兴带领下，这里成为广西坚强的革命斗争堡垒。这些革命人士、民主机构及其所领导的革命活动留下的遗迹遗物，成为了实施革命教育和爱国主义教育的珍贵资源和生动教材。

由于长期以来受到外界的影响比较小，黄姚古镇大量的传统文化才能得到有效保存。另外，改革开放以来，由农耕经济向商贸经济过渡过程中，黄姚完成了由村寨向城镇过渡，黄姚居民也由满足生存的需求转向更高层次精神文化的需求。而协调好城镇化发展过程中人与自然的关系问题，在今天依旧是个很复杂的课题，黄姚古镇在这方面做得很成功，为今天的城镇规划提供了宝贵的经验，具有极强的科学研究价值。

明末清初时黄姚已是广东、广西、湖南三省区交界处的商业重镇。由于黄姚处于特殊的地理位置，四面皆山，易守难攻，而且交通不便，所以村镇处于半封闭状态，古老的民居、众多的文物得以保存。古镇内300多间明清宅院，青砖黛瓦，飞檐画栋，岭南风格极其浓郁。古街按九宫八卦阵势布局，一条主街延伸出八条弯弯曲曲的街巷，宛如一大迷宫，大街小巷均用青石板铺砌而成，像一条起舞的青龙。

黄姚素有"梦境家园"之称。全镇方圆3.6平方公里，为典型的喀斯特地貌。镇内有"六多"：山水岩洞多、亭台楼阁多、寺观庙祠多、祠堂多、古树多、楹联匾额多。有山必有水，有水必有桥，有桥必有亭，有亭必有联，有联必有匾，构成古镇独特的风景。所有古街道全部用青色石板镶嵌而成，路面平滑如镜。镇内的建筑按九宫八卦阵势布局，多

黄姚古镇天然亭

为两层的砖瓦结构，建筑精美，工艺高超，属岭南风格建筑，与周围环境浑然一体，被称为"人与自然完美结合的艺术殿堂"，是一个天然的山水园林古镇。

三条溪河蜿蜒穿行在古镇之中，古民居的静态与流水的动态自然结合，共同构筑了一幅"小桥、流水、人家"的绝世美景，其独特的景致与江南众多水乡不尽相同，古屋、古榕、奇石和小桥流水交相辉映。著名的美籍华人画家蔡楚夫也忍不住赞叹黄姚是"人与自然完美结合的艺术殿堂"。

"山水桥亭联带匾"是黄姚的一大人文特色，体现了黄姚人在营造人居环境方面的杰出造诣，同时也折射了黄姚人世代崇尚诗书礼乐的良好习俗。黄姚的民俗颇多，农历大年初二游鱼龙庆丰年，三月初三抢花炮求好运，七月初七取仙水迎吉祥，七月十四放柚子灯祭河神……浓浓的民俗民间活动不仅见证了浓重的历史，更让远到而来的朋友流连忘返。

1. 文明阁

文明阁坐落在黄姚镇东南天马山西麓，前依姚江，右旁螺峰，古刹宝亭层峦叠嶂，掩映在绿树丛中。它以雅致、幽静、豁朗、清新而闻名，因此位于旧黄姚八景之首。文明阁始建于明万历（公元1573年—1620年）年间，清乾隆四十五年（公元1780年）、道光十年（公元1830年）、同治九年（公元1870年）及1926年4次重修。原有步云亭、文明首第、土地祠、豁然亭、福禄亭、惜字炉、天然图画、财神殿、大堂正殿、不夏亭、桂花亭、魁星楼等12处建筑物，今仅存8处，阁内历代名人题诗刻石颇多。

沿天马山而上，文明阁第一道门楼上书"文明首第"四个大字，是曾任广西区人民政府副主席的莫乃群于1986年7月1日所书。两边写有一副对联"春入水逾响，秋高山更青"（丁卯年春箔重书）。沿着石梯向前走，就会看到旁边有一块石碑，上书"文明阁祀田碑"，为乾隆五十五年（公元1790年）岁次乙巳桂月吉丑刊立。前面有霍然亭，亭前柱上书"上下江涵画阁添，东西岸隔烟波间"，内侧书"诸君到来不妨坐坐，朋友相会随便谈谈"，后面柱子上写道"有风花气犹迷阁　无雨岚光尚滴衣"。继续前行，第二道门楼上书"有声"二字，旁边写道"星临平野阔，山似络阳多"，门楼内有同治三年（公元1864年）重修文明阁碑。依山而行，两旁可以看到古人登山留下的石刻，其中一篇为"余

文明阁

王至黄姚登文"。前边就到了惜字炉，是用来烧香的。上面也刻有对联，共有六句：前面为"赤文归造化，赤字幻霞烟"；左边上书"烟霞"，两边为"一炉纸化氤氲气，万古人存爱护心"；右边上书"风月"二字，两边刻有"迹民别风淮雨外，烟迷五岭一溪中"。惜字炉旁边石山上刻有"小西湖"石刻，为清代太史刘宗标于光绪戊寅初秋题。旁边刻有国民党陆军少将、本地人何武所题"蔚犹森秀"，笔法苍劲隽秀，时有游人拓本。继续往前走，旁边石上刻有"道光庚子年重建文明阁新建魁星楼并建亭至碑记"。至此到达第三道门楼，上书"天然图画"四个大字，旁边写道"乾坤风月归图画　山水烟霞入品题"，左下角立有"攀山石碑"，为乾隆三十年岁次乙酉仲夏吉早立。楼内有"重修文明阁碑志"（1999年2月8日立），介绍了文明阁及重修的有关情况。沿梯而上，进入大殿，殿内供奉着关公。出大殿前行，旁边石壁上刻有唐宋八大家之一的韩愈题书的"莺飞鱼跃"四个大字，下有"重阳登高联咏"，以及"新建不夏亭碑记"，再往前就到了七星亭，两边书有"清凉舒适合心情，静坐闲谈知己话"。转身再上，看到的阁楼就是魁星楼，里面供奉着"魁星公"。

文明阁内怪石嶙峋，古树成荫，登高俯瞰，宝珠古刹，东门古榕，尽收眼底。这里山清水秀，风景如画。

黄姚古镇司马第

2. 司马第

"司马第"位于龙畔街，是黄姚民宅的代表。"司马第"为清代建筑，是一座沿着地势建造的递进式老宅院。

沿着古镇小路拾级而上，可以看到司马第大门口非常完整的石鼓，与宅院一起保留了下来。整个房子很通透，面阔3间，进深3间。前座中为门厅，两旁为耳房。

中座正中为天井，两边为厢房。后座是正房，正厅里放置着隔扇和案台。前座与后座的檐墙上，也绘有山水、花鸟和一些神话故事。司马第的建筑格局是黄姚其他民居的缩影。

3. 宗祠

黄姚镇目前还有古氏宗祠、郭氏宗祠、莫氏宗祠、吴氏宗祠、叶氏宗祠、林氏宗祠、劳氏宗祠、梁氏宗祠、黄氏宗祠、天佑古公祠等 10 家宗祠，保存相当完整，其中以古氏、莫氏和劳氏宗祠规模最大。宗祠每年都有祭奠活动，不同的姓氏在不同的时间举行。

4. 带龙桥

在黄姚青石板铺就的桥不止一座，大大小小加起来有 15 座之多，这些石桥把黄姚的河水悉心装点起来。

带龙桥在黄姚镇内，为古黄姚八景之一。带龙桥以青石板为材料，由两个桥拱组成，是古镇最大的阶式石拱桥，拱桥呈半月形横跨在新兴街东面的小珠江上，上面还有一座乾隆时期所修的桥楼，不过现在已经拆除。带龙桥始建于明代万历（公元 1573 年—1620 年）年间，清乾隆

带龙桥

二十三年（1759 年）重修。东西走向，总长 22.7 米，宽 2.97 米。石结构，东端为主拱，净跨 5.4 米，两端为旱拱，净跨 3.2 米。

带龙桥除了供行人来往，桥面用腰形铁块连锁的石板还能在发洪水时作分洪之用。对于一个傍水建造的小镇，能驾驭洪水无疑是一个重大的突破，这也是黄姚历经千年仍能完好地保存的主要原因。带龙桥右岸，还建有"见龙祠"一座，置有光滑的石凳，可供游人休息。

5. 黄姚古戏台

古戏台建于明朝万历（公元 1573 年—1620 年）年间，距今已有 400 多年历史。清代乾隆、光绪年间多次重修，1983 年昭平县人民政府又出钱再次重修。逢年过节，当地的民间艺人就在台上演戏，台下站满了观看的群众。时光变迁，台上演绎了很多王侯将相、才子佳人的悲欢离合故事。

戏台是亭阁式的，四个柱子脚下埋了四口大水缸，演出时有共振的效果。古戏台是黄姚古镇最有名的建筑之一。

古戏台

6. 东门楼

东门楼建于清朝初年，是黄姚单座城门楼，平面为正方形，砖瓦结构。东门楼见证着黄姚的历史。清朝时黄姚是湘西、桂北出海通道的名镇，门楼上的对联体现了这一特殊地理位置：姚江水经过桂江、西江直到珠江、南海，是连接外面世界的桥梁通道；把东门楼比喻为京城的五凤楼，还有螺峰、文峡作屏障，是雄镇南关的古镇。

7. 石上榕

石上榕也叫"千年石上榕"，据称树龄有 1000 多年。石上榕因为树长在石头中，盘根错节，和岩石紧紧"拥抱"，根须没办法充分伸展，因此永远那么"娇小"。石上榕作为一处天然形成的景观，是游览黄姚不可错过的一个景点。

石板街

8. 黄姚石板街

黄姚的石板街目前有 8 条，分别为金德街、迎秀街、天然街、中兴街、安乐街、连理街、龙畔街、山磅街。迎秀街的石板街最阔，约 5 米；最窄处为金德街羊巷口，不到两米，两旁各摆肉台一张，行人相对而行，只能擦肩而过。1964 年复置黄姚镇后，拓建了宽阔的新街道，但昔日的石板街仍然完整无缺地保留了下来。

黄姚石板街，最早铺砌于清顺治（公元 1638 年—1661 年）年间，山根寨那段老街距今已有 300 多年历史。年深日久，街中心的石板已踩成槽状，故有"老街"之称。康熙、乾隆以后，陆续铺设东门楼至榴李街一段，长约 200 多米。后来，随着移民的增多，街道越铺越长，才逐步形成今天这个样子。

有一条街叫鲤鱼街。原来在铺石板时，在街中心碰上一块天然石板露出的石脊，石匠们匠心独运，顺其自然，将石脊凿成一条长约两尺的石鱼，突出街中心，高于街面约 3 寸许，摇头摆尾，形态生动，由此可见当年石匠们的创意，"盘道石鱼"被称为黄姚八景之一。

黄姚的石板街历史悠久，记录着黄姚的风雨变迁。在石板街上漫步时，一种坚实、古朴、清凉的感觉就会油然而生。黄姚的石板街无论在大街小巷，全都是工匠用灰黑色的石板镶嵌而成，徜徉在这条古朴、清凉的石板街上，让人恍然生出一种隔世之感，发思古幽情。经历过历史的洗礼和磨砺，这些石板街大都显得凹凸不平。

9. 中共广西省工委旧址

1944 年冬，日本侵入广西，桂林沦陷，广西省工委迁至黄姚，在黄姚古镇的宝珠观秘密开展工作。当时随省工委疏散到黄姚的

中共广西省工委旧址

还有何香凝、欧阳予倩、千家驹、张锡昌等大批知名人士。

为纪念这一段历史，广西壮族自治区人民政府把宝珠观定为广西省

工委旧址，并于 1990 年列为省级重点文物保护单位和省级爱国主义教育基地。宝珠观偏厅一楼展厅展出的内容记述了当时的一些历史。

黄姚，这座处于深闺的古镇，就是这样神话般地坐落在这旮旯深处，深藏不露，平中见奇，受到各方人士青睐。如今，更是成为了众多影视剧的外景拍摄地，电影电视剧《虎胆英雄》、《面纱》等在黄姚古镇拍摄，让黄姚走进了平常百姓中，更使世界认识了古镇黄姚。

（十一）山根古石寨

山根石寨位于昭平县樟木林乡潮江村西北约一公里处的猫头山下，寨的后山上有一个石头围成的小城堡，谓之山根古石寨。猫头山是座陡峭的石山，常年林木葱郁茂密，因此一般不为外人所知。

山根石寨

从山脚下沿着一条依稀可辨的险峻的小道慢慢往上爬，约上 20 米，就可看见一堵长约 20 多米的石墙，墙体上砌有一道石门，此乃古石寨的南大门。石门建于两峰之间，全部用大石块垒成，使石墙与两山连成一体，是进入石寨的必经之处。进入石门往 10 余米，即可见一块石碑，碑名为"重修石寨碑记"。此石碑一半藏于岩石内，一半露在外边，因年代久远，雨淋日晒，字迹已漶漫不清。据载此碑为山根寨刘鼎新、陈文光等于清咸丰甲寅岁孟秋所立（即公元 1854 年），碑云："从古幽逸之士多出山林，夫山何尝有，出则为廊庙，而处则属山林……"大意是山根村后的山垭很久以前曾经是避难之地，但明清时期人民还是安居乐业，比较平静，村后的石山多树木，村民保护得很好，山上终年充满绿意。山垭前还建有一座庙宇，人们经常到此祈拜。时至清末，清政府无能，造成内忧外患，连山区边远山寨也深受其害，附近的村落也经常因事而发生械斗。尤其到了咸丰甲寅年间，山匪出没，械斗频繁，抢劫增多，时常造成"村无犬吠，野鲜行人"的境况。为避世乱，周围村人就在村后的庙宇后的山垭间用大石块重新建起了石寨，这样每逢械斗发生，附近村落成百上千老百姓就到山寨上来躲避，南北两边寨墙则派人把守，械斗之人或山匪就无法攻上来了。在碑记旁边有一块突兀的岩石，由于长年累月的水滴，形成了一个独特的石碗，碗中盛满了水，一滴滴的水滴还在不断滴落。

　　沿着小道走过一片嶙峋的怪石堆，眼前豁然开朗。站在这里望整个寨内，石寨躺在高耸入云的两山峰之间，形成一个宽敞的盆地，盆地约有两个足球场大。平地分三级，每一级都非常的平坦，长满了绿草。其间行人居住的痕迹依稀可见，旧房的宅基也隐约可寻，只是已无烟火，盆地四周布满了奇形怪状的大岩石。越上第三级，在山垭的北侧，用斗大石块垒成的寨墙近两百米长，全部墙体都达 3-4 米高，所用大石块全都是经过打磨成长方体，一些还足有两米多长，宽厚近一米。在这堵墙上设有一道北门。咸丰甲寅年，也就是 150 多年前，在当时没有现在的起重机等机械设备的情况下，靠人力把盆地中间的大石头打凿成长方形的石块，然后将一块块重达五六百斤甚至上千斤的石块垒成三四米的高墙，这不能不说是一个创举，同时也足见工程之艰巨。站在雄伟的寨墙上，望着后边的深谷，有一股"一夫当关，万夫莫开"的气势。

第三章

印象贺州

YINXIANGHEZHOU

贺州自然生态景观丰富而独特，让人流连忘返。贺州拥有享有"中国华南地区最大的天然氧吧"之称的 4A 级景区——姑婆山和 3A 级景区——大桂山，两个国家级森林公园在贺州城外遥相呼应；神奇的碧水岩、紫云洞争相媲美，溶洞内冬暖夏凉，钟乳石、石笋千姿百态；奇特的玉石林，奇峰突兀，石笋、石柱、地槽、漏斗、暗井密布，景观美不胜收；迷人的钟山荷塘十里画廊景区，无数石峰拔地而起，峰峦叠翠，每到盛夏初秋，群山中的荷池里妩媚的荷花竞相开放，与威武雄壮的山峰相互映衬，组成了一幅天然的山水画……

这些自然生态景观就像一颗颗镶嵌在山水中的明珠，把贺州大地点缀得如诗如画。

一、浮山传说

浮山位于八步区贺街镇东南 3 公里处的临、贺两江汇流处。这里是个小平原，江心中兀然峙立一小石山，高约 30 米，面积 900 多平方米，四面环水，砥柱中流，气势磅礴，远看如浮于水而得名。

浮山四面悬崖峭壁，层石嵯峨，螺纹盘旋，像个石印，故又名玉印山。拾级而上，但见满山古树葱茏，怪石嶙峋。山门右边有浪沧亭，有民国二十六年（1937 年）李济深手书石刻"浮山"二字以及历代书法家作品。门两旁有一副以青石精镌的篆书对联："访逸老芳迹钓台犹在，作中流砥柱玉印常浮"。左边有环碧亭，结构玲珑，绿树掩映，飞檐画栋，工艺精巧。登亭凭栏西望，临、贺二水蜿蜒而来，与浮山配合，有"二龙抢珠"之称。每当春秋时节的清晨和傍晚，江面常常泛起一层薄雾；俨如轻纱将小山托起，称"玉印晓岚"。

山顶上有陈王祠，始建于北宋年间，1983 年重修，飞檐垂斗，壁画高列，相传是为了纪念陈秀才而建。陈秀才生于隋末唐初，为附近的江平村人，自幼聪明好学，满腹文章。只因出身寒门，三次赴京赶考不

浮山

第，皆名落孙山，遂放弃功名，回乡隐居于浮山。日里给乡亲摆渡，暇时吹箫歌垂钓。江岸悬崖上至今犹有"钓台"遗迹。因其平生利人济物，乐善好施，甚得乡民爱戴。他于唐武德年间（618年—626年）无疾而终。传说是积德成仙去了，后又常显灵庇护乡民。为纪念其恩德，乡民便在浮山立庙祭祀，并尊奉他为"陈候大王"，庙称"陈王祠"。每逢陈王生日（农历四月二十六日）和忌日（农历五月十九日），远近百姓都要来此纪念他。万余两万人到会，聚于山上、河边，放花炮，赛山歌，热闹非常。纪念活动分为"炮期"和"歌期"，尤以歌期为盛，往往延续多日。新中国成立后，"炮期"逐渐变成以歌为主。期间张灯结彩，歌舞处处，常常通宵达旦，故又称之为"点灯会"。

1937年，著名爱国人士李济深先生曾挥笔书写了"中流砥柱"四个大字并题诗一首："临江江水去悠悠，却有浮山水上浮；历尽洪波千万劫，依然砥柱障中流。"该诗为浮山增色不少。

1994年，浮山被评定为自治区级风景名胜区。

二、灵峰广场

灵峰广场位于贺州市区繁华的向阳路上，南面是灵峰山，北面是八步区政府，西面是人民会堂，东面是盛隆百货大厦。广场面积为 2 万多平方米，是当地市民娱乐的好去处。主要包括以下景点：

（一）灵峰山

位于灵峰广场南面，广场的名字也因为这座山而得名。灵峰山是一座拔地而起的石灰岩石孤山，约 1200 平方米，高 100 余米。峭壁险陡，挺拔峻秀，杂树咬岩，古朴天然。山上有奇石怪洞，洞道四

灵峰山

通八达，洞顶钟乳倒悬，洞底与地下河相连，洞内有古生物化石，还有名人留下的摩崖石刻。

（二）神兽麒麟尊

现放置于灵峰广场北面，是一个放大 6 倍的麒麟尊复制品，用青铜在江西南昌铸造。正品麒麟尊属国家一级甲等文物，出土于原八步区沙田镇，为春秋战国时期贵族用的大型青铜酒器，距今约 2500 年，

灵峰广场麒麟尊雕塑

因外型似古代早期传说中的麒麟而得名。麒麟尊尾部附凤鸟，背有蟠龙，集中国古人创造的三大神兽麒麟、龙和凤于一身，形态古朴、憨厚、祥和，表现了古人对美好生活的憧憬，是中原文化、百越文化和楚文化交汇融合的历史印记，见证了贺州古老而悠久的历史。

（三）留趣山

顾名思义乃"趣"留于山，山于"趣"兴。留趣山是贺州八大景点之一，位于贺州广场西南面，山势不高，从西面拾级而上，山顶有一风格别致的六角亭，供游人小憩。山半腰有个约一米深宽的岩洞。"留趣山"三字石刻便刻于洞正面之上，字体潇洒刚劲，无落款。相传古代僧人见当地人喜欢聚此谈古论今，欣然提笔写下"留趣山"，然后飘然离去。后人遂将此三字刻于石上。

三、神奇大桂山

大桂山主体在八步区中南部，余脉延至苍梧、昭平两县。呈东北－西南走向，长95公里，宽30-35公里，面积约646.66平方公里。海拔1000米以上的中山呈岛状分布在山体中部，周围是海拔500-800米的低山，主峰犁头顶在八步区西南部，海拔1253米。地层主要为寒武系砂页岩，局部有花岗岩出露，北段外沿为泥盆系砂页岩，为穹隆构造，加里东期褶皱成山，燕山期进一步断裂隆升并有花岗岩入侵。山体因岩层坚硬，断裂发育而显得破碎险峻，坡陡谷深。河流沿山峰周围发育，各自形成放射状水系，富有水能资源。天然植被为亚热带常绿阔叶林，历经砍伐，现只有在较偏僻的沟谷中尚有保存，主要树种有红椎、毛栲、栲树、甜槠、黄果厚壳桂、泡花润楠、荷木等。人工林有杉、松、毛竹、油桐、玉桂等。珍贵动物有黄腹角雉、毛冠鹿、金猫、穿山甲、白鹇、鹧鸪、黄莺、猴子、琼蛇、吹风蛇、青蛇等。自治区属的国营大桂山林场场部设于山脉中段的腹地马练，辟有国家级森林公园。昭平与

大桂山风光

八步、苍梧的边界，是八步大桂山西伸的侧脉，呈东北至西南走向。自八步伸入昭平樟木林乡边境的五岭山起至砂冲村边境的罗岭止，长73公里，为砂页岩质、红土及红黄土壤。山脉的中上段多海拔700米以上山峰，下段山峰均在500米以下。

大桂山国家森林公园位于湘、桂、粤三省交界处，距贺州市区约30公里。由大桂峡谷和峡谷附近的天然森林公园两个主景点，以及附近的东平水库库区、大桂林场、团罗茶场等景点组成。

大桂山五马归槽瀑布

公园内古朴幽雅、景点繁多。独具特色的景点有高台揽胜、五马归槽瀑布、绿林旧地、三鹰潭瀑布、铁索桥、桂山游乐城、民族山寨。

大桂峡谷在大桂山最深处，两边是陡立的石壁，峡谷最窄处仅两三米宽，谷底为石面，泉水在石面上涓涓而流。人在峡谷穿行，踏着清凉的泉水，仰望崖壁，可见到各种绿藤怪树，奇草野花，还可听到各种陌生的鸟儿在山上发出悦耳的叫声。

大桂山除了秀丽奇险的自然风景外，还有大面积的经济林和连片的茶场，以玉桂、龙眼、荔枝、柑桔和竹子为主。苍翠的茶林像绿色的腰带，一道道绕在山坡上。春夏晴和，采茶女散落在茶场里，鲜艳的服饰飘动在万绿丛中，偶有山歌悠扬而起，更使游人流连忘返。

四、天然氧吧姑婆山

贺州姑婆山为国家级森林公园，位于贺州境内的萌诸岭南端，距市区（八步）中心仅 26 公里，地处香港－广州－桂林黄金旅游线中间站上，总面积 8000 公顷，海拔 1000-3000 米，具有峰高谷深、山势雄伟、森林繁茂、动植物资源丰富、瀑飞溪潺、环境幽雅等特点，集"雄、奇、秀、幽"于一体，兼有山水型、城郊型公园的特点。

姑婆山景区

公园有雄伟的山体，海拔千米以上的山峰有 25 座，最高峰天堂顶海拔 1844 米，是桂东第一主峰，多姿多彩的瓦窑冲奔马瀑布、仙姑瀑布、罗汉瀑布、银河落九天瀑布、"二毫半"瀑布、母子瀑布、鸳鸯瀑布等各具特色，蔚为壮观。公园气候宜人，年均气温 18.2℃，冬暖夏凉，是疗养保健好场所。

姑婆山仙姑瀑布

姑婆山的森林覆盖率高达 85%，林内奇树百出，既有挺拔参天的栋梁之材，又有苍劲古朴的原始树木。茂密的丛林中生长 1400 多种野生植物，有鸟兽 130 多种。雄峰、峻岭、古树、老藤、奇花、异草、怪石、瀑布等等，构成为一幅幅自然天成的绝妙风景。人们可观瀑狩猎，可烧烤野炊，可扎篷露宿，亦可住进建在溪旁潭边的竹楼别墅，尽享大自然的美妙恩赐。

姑婆山气候宜人，四季如春。据权威科研机构测定，姑婆山负离子含量最高达每立方米 16 万个，姑婆山景区因此而被称为华南地区最大的天然森林氧吧。

（一）姑婆山漂流

姑婆山漂流是桂东地区最新开发的漂流旅游项目，位于姑婆山国家森林公园内的姑婆江，距市区 21 公里。姑婆江源于萌诸岭主峰之一，海拔 1840 米的天堂顶和海拔 1730 米的姑婆顶，从公园景区入口直至源头，均无人居住，整段河水清澈洁净。现开放漂流河段 3000 多米，此河段落差 100 多米，漂流时间约 2 小时 30 分。

姑婆山国家森林公园自然景色十分美丽，四周林木青翠碧绿幽深，

沿河两岸峰峦叠嶂、巨石嶙峋、古树参天，河道内是细沙和大大小小的鹅卵石，河水清澈见底，有10多个2-3米落差的惊险之

姑婆山漂流

处。顺流连人带船直冲入潭、舟飞浪起，有惊无险。姑婆江潭多而美妙绝伦，潭水深度大多数为1-2米。漂流河段大都离公园主游览线不远，离岸乘坐园内游览车非常方便。沿河设有救护安全站，随时可以提供紧急救护服务。

（二）姑婆山民俗风情

姑婆山公园内没有其他居民居住，但在公园东缘聚居有瑶族的土瑶系和盘瑶系。南缘为汉族客家人和本地人，他们大多在清朝时从广东、

姑婆山锦绣村

福建、江西、湖南等地迁徙而来，至今仍保持着各自的传统文化，民居文化、风俗习惯都很有特色。民居方面较典型的是客家人的"围龙屋"，汉族本地人城堡式的"本地寨"和瑶族的吊脚楼。这些建筑精巧，具有很高的历史价值和观赏价值。

姑婆山民间文艺及婚嫁习俗丰富又生动，比如客家山歌、本地歌和瑶族山歌，不同语种的山歌情调不同，山歌对歌充满情趣。婚俗更是五花八门，生动有趣，客家的"拜堂彩语"、"洞房抹黑"，本地人的"看屋定情"、"奇特叹嫁"、"黑房抱亲"，土瑶"情人房"、"人情节"等。

（三）姑婆山艺术价值

茶是故乡浓，酒是故乡醇。景是故乡美，情是故乡真。姑婆山不仅空气清新宜人，其如诗如画的山水田园景色更是吸引了众多的国内外游客，还成为香港著名电视剧《茶是故乡浓》、《酒是故乡醇》、《春蚕织梦》、内地电视剧《围屋里的女人》、电影《冰雪同行》、《月光恋》等影视片的外景拍摄地。

香港电视剧《茶是故乡浓》拍摄地——方家茶园

五、多彩黄洞乡

黄洞瑶族乡位于贺州市八步区境内，距市中心20多公里。黄洞瑶族乡是1985年9月经自治区批准，从莲塘划出黄洞、都江、石门，从大宁划出三歧等4个瑶族聚集村组建成立的，瑶族人口占75%。

黄洞瑶族乡山高林密，溪流纵横，水能资源丰富，辖区内有丰富的林业资源和水资源，已建有水电站11座。该乡主要特产有麻竹、生姜、八角、香菇、笋干、木耳、蜂蜜、茶油等。

黄洞瑶族乡山清水秀，风景迷人，古风犹存，集民族风情、探秘、旅游观光、度假为一体，是极好的旅游去处。

在黄洞瑶族乡的瑶寨里，多彩的瑶族生活体验遍地开花。如瑶族服饰基地工作站、瑶族服饰村、瑶族博物馆、黄洞瑶家宾馆、黄洞村民俗风情旅游景点等，同时开展瑶族服饰文化讲堂，多元化的风情展示了瑶寨的特色。

黄洞瑶族博物馆

黄洞月湾休闲度假景区位于黄洞瑶族乡三岐村，风光绮丽、如梦如画。它是以壮丽秀美的瑶族风情、优美恬静的山水环境和优越区位条件为依

黄洞月湾休闲度假景区农家乐

黄洞月湾休闲度假景区

黄洞月湾休闲度假景区民俗表演

托，以"绿
野乡居、梦
中家园"为
形象和特色，
以度假旅居、
休闲养生、
观光欣赏和
瑶族文化体
验为主要功
能的综合型旅游休闲度假区。景区全长 3.5 公里，占地 10000 亩，其中
现有茶园面积 400 亩，绿地面积高达 90%，空气中负氧离子含量每立方
厘米 6 万多个。景区分为一期月湾景区和二期盘龙谷景区。

　　一期月湾景区内将打造精品香茗木屋、瑶族风情综合楼、风雨桥、
瑶绣一条街、新月上下苑、过河铁索桥等建筑。二期盘龙谷景区将进行

瑶居改造工程，为更多的人打造隐藏于山野间的世外桃源。景区规划以旅居度假、休闲旅游、文化娱乐为主要功能，以地域相对封闭、环境幽静、风光秀美、民风淳朴的流冲瑶寨谷地为依托，利用其山水田园景观和民众文化，以自然生态为主题文化，打造出一系列品位高雅的休闲度假活动项目，把流冲谷地建设成一个"世外桃源"，形成区域性休闲度假旅游品牌。

近年来，黄洞瑶族乡党委、政府结合实际，提出大力发展旅游业，建设贺州后花园的战略目标，通过发展旅游业，盘活了全乡经济。黄洞瑶族乡是贺州市旅游的主要发源地，上世纪 90 年代初开发的瑶族风情旅游，风靡粤港澳及东南亚，创造了贺州市旅游的辉煌业绩。

黄洞瑶族乡在进一步协助开发业主做好月湾休闲旅游度假项目的同时，将沿着大宁河、都江河、清湾河布局建设都市休闲度假旅游带，目前已经策划了三岐瑶族新民居建设与瑶族风情旅游开发项目、滑水冲生态休闲旅游度假项目、黄洞山水瑶家休闲旅游项目、清湾生态休闲等旅游项目，打造黄洞旅游循环经济区，与市区、广东清远形成"珠三角 – 广贺高速至贺州 –323 国道至黄洞至广东连山、连州 – 广清高速至珠三角"的环形自驾旅游线路，进一步做大、做强黄洞旅游业，为建设华南生态旅游名城做出积极贡献。通过旅游业的发展，带动茶叶、油茶产业、麻竹种植，增加农民收入。

六、"三奇宝地"十八水

十八水风景区位于贺州市北郊 20 公里处的路花山区，发源于岭南萌诸岭之姑婆山脉，总面积 18 平方公里，属国家级重点保护原始森林，是贺州市最新发现的自然生态与人文资源均十分丰富的旅游休闲风景区。2008 年 12 月 29 日，十八水景区被评定为国家 4 级景区。

十八水风景区山高林深，瀑布成群，奇石斗妍，古树参天，幽幽水木精华，处处藏真毓秀。景区内森林覆盖率达 92.3%，年平均气温 18.2℃，相对湿度 85% 以上，空气中负氧离子含量达 6.5 万个以上 / 立方厘米，冬暖夏

十八水景区——相思湖

凉，气候宜人，是华南地区最大的原生态天然氧吧。

十八水景区以水奇、石奇、树奇之"三奇宝地"著称。水景以"大佛水"、"一口水"、"黄绸布"、"二毫半"为主体，形成落差近 300 米、最宽处 60 米的十级跌水瀑布群，犹如群龙天降，踏雾腾云，震撼人心。其落差之大，曲线之长，形态之美，气势之伟，堪称桂、粤、湘三省交界之最，是广西第一瀑布群。石景以"御书神石"、"一品石"、"七

大佛瀑布

品蟾蜍石"、"大佛菩提石"、"神龙照壁"为精品,上品奇石,俯拾皆是,可谓无石不成景。树景以"龙凤呈祥"、"千秋托砚"、"状元林"为代表,古木化石,万岁留魂,令人叹为观止。

十八水风景区蕴藏着许多神奇瑰丽,深藏文思哲理的景物人文故事。传说,唐朝广东和尚惠能曾到此朝拜大佛山,淋浴大佛水后"顿悟成佛",被立为禅宗六祖,惠能在大佛山下打坐的那块奇石被后人敬称为南宗佛理的奠基石,十八水被称为禅宗的发祥圣地。

如今,到十八水抚石、临水、游泳、休闲,已成为当地人邀朋结友祈求富贵吉祥、健康长寿的时尚与习俗。

七、"人间仙境"玉石林

贺州玉石林位于平桂管理区黄田镇,距市区18公里,景区面积25公顷,总游览路程约13公里,观赏景点100余处。游于林中,如入仙境,大自然的鬼斧神工令人叹为观止。

贺州玉石林是一片十分罕见的由汉白玉石柱、石笋组成的"玉石林",它形成于一亿多年前的侏罗纪时期,由于燕山期地质的断裂隆升和长期的岩溶渗蚀及局部受高温影响,加上自宋朝以来1000多年的锡矿开采业,使区域内地层峰从间石芽裸露、奇峰突兀,石笋石柱、地槽漏斗、狭缝密布,成就了"千年骆驼"、"空中走廊"、"一线天"等众多的

玉石林景区

玉石林景区一角

奇异自然景观。它独立于四周的石灰岩山中，被游人誉为"人间仙境"。

除此之外，贺州玉石林还有历史价值、艺术价值、科研价值等。贺州石林是我国惟一的由大理岩构成的石林，其他石林全为灰岩或白云质灰岩所构成。质纯色白的大理岩习称"汉白玉"，因此，贺州石林又被称为"玉石林"。贺州石林位于贺州市以北约 18 公里姑婆山南麓的新路圩附近，正好处在姑婆山花岗岩与古生代沉积岩的外接触带内，经研究对比，已得知其原岩为中、上泥盆统的多种灰岩，由于后来花岗岩侵入受热变质而成为大理岩。

由于构成贺州石林的岩石岩性特别，大理岩质纯且经常有较粗大的结晶颗粒，易于被溶蚀，因此，由大理岩构成的石林与由灰岩构成的石林有较大差别，如大理岩石林土下溶蚀阶段可生成顶端十分尖锐的石柱，这些石柱在新近挖出的石林中尤为典型，因为大理岩易溶蚀且结晶颗粒粗，因此在石林露出地表后，其顶部极易被风化成圆滑状，而不像灰岩、白云质灰岩那样顶部表面常被雨水溶蚀成各种复杂的纵向溶痕，这一特点是其他可溶性岩类所没有的，这也是大理岩地表风化的一大特点。

发育有大量的溶井，是贺州石林的又一特色。据现有的资料，还没有一处石林分布区像贺州石林那样发育有那么多的溶井。溶井是地表水沿可溶性岩层裂隙交叉处快速下渗，向四周和底部逐渐溶蚀而成的圆筒状竖井。可溶性岩石在松散堆积物覆盖下的溶蚀速度比地表溶蚀要快，又因为大理岩位于花岗岩外接触带内，花岗岩风化形成了大量的松散砂状堆积层，这些松散堆积层在雨季时经常饱含水分，且极易向下渗透，产生很强的向下溶蚀作用，因此而生成大量溶井，这些溶井直径一般为0.8至1.5m不等，在贺州石林园区近山顶迷宫区和412高地一带分布十分密集，在"一线天"的中段也有两个直径达约2.5m的溶井。在半山坡和山顶"迷宫"区附近，有些溶井倒塌后残存的溶井壁像一个个躺着的巨大石槽，显得十分奇妙。与溶井形成的原理相似，贺州石林园区内还发育有大量深切溶槽和溶沟，也是雨水沿岩层裂隙向下及向侧面溶蚀而成，深度一般约8-12m，最深超过20m，这在其他地区的石景区内十分罕见。

八、冬暖夏凉紫云洞

位于贺州市区西南4公里的紫云洞，是八步盆地上一座独立的石灰岩石山溶洞，是侏罗纪时期地质裂变时海平面抬升形成的一座长条状石山。该座石山外观高仅100余米，长约800余米，但经历了一亿九千万年的岩溶侵蚀之后，其地下溶洞全长约6公里，一条地下河在洞中时隐时现，目前开发的游程1公里多，溶洞面积约一万平方米。紫云洞的名称，源于洞中的地下河冬暖夏凉，到了冬天，洞中的暖气从洞口喷出，形成紫色气雾在石山洞口处缥缈，故称紫云洞。

紫云洞虽然成型于一亿九千万年前，但由于原来在海平面抬升时，溶洞内的瘀泥在经历了漫长的时间才自然溶蚀形成了溶洞，然后洞中的碳酸钙结晶又经历了漫长的积聚过程，各种钟乳石、石笋、石柱、石幕、

紫云洞美景

滚石坝、穴珠才慢慢地生长和形成，所以说紫云洞中的自然景观发育较迟。

　　紫云洞现开发有 30 多个景点，景色不尽相同。一条地下河从洞的半空飘落，在石帘上形成飘飘洒洒的水花瀑布，水流如泉水音乐，瀑布下的水池清水央央，巨大的睡莲花开在荷塘里，地下河水又跌落数米深的水潭里。地下河的两岸，耕田的农夫、打网的渔翁、牧牛的书童，还有犀牛、顽猴、雄鹰、石蛙，各种形象惟妙惟肖。

九、十里荷塘好风光

　　十里荷塘景区位于钟山县城西北 18 公里，国道 323 线及桂梧高速公路旁，以公安镇荷塘村为中心，面积约 36 平方公里。

　　地处喀斯特岩溶地貌峰林平原区域的十里画廊景区，岩溶地貌的高峰、奇石、峰丛、峰林星罗棋布，多为平地拔起，奇特秀丽，如千重剑戟指天，似万排玉笋铺空，千姿百态，群峰竞秀，与周边的村落民居和田园风光相互映衬，绿野烟村、奇峰美景、田园秀色、如诗如画，形成一幅幅绚丽多姿的天然风景画卷。景区内分布泥盆系石灰岩，系下古生代碳酸盐沉积。属中亚热带湿润季风区，其特点为光热丰富，雨量充沛，

十里荷塘美景

温凉适度，寒暑适宜，夏长冬短，季节分明，夏涝秋旱，雨水不均，春迟秋早。属于风速微和、温（湿）度宜人的优良休闲度假气候。

景区内美妙绝伦的景观有荷塘群峰、双元群峰、公婆山、阳元石（朝天蜡烛）、观音山、宝塔山等。景区延绵 10 多里，风景如画，因而取名为十里画廊。

景区自 1991 年向外推出后，每年均有数万名中外游客慕名前来观光旅游，被众多旅游专家学者认定为一个不可多得的自然风景区。

十、贺州影像

贺州山川秀丽，风光旖旎。自上世纪 70 年代开始，就有电影在这片美丽的土地选景拍摄。这些影视作品极大地提高了贺州的知名度、影响力和文化竞争力，影视文化成为贺州文化的一个重要的组成部分。

（一）贺州第一部电影

1976 年，上海电影制片厂彩色故事片《欢腾的小凉河》来到贺县拍摄外景，这是贺州历史上第一次成为影片拍摄地。影片主要外景地在现平桂管理区沙田镇道东小凉河、现八步三加村大榕树及铺门等地。《欢腾的小凉河》剧组撤离贺县时，在当时的贺县人民礼堂举行了一次文艺演出。很多贺县百姓是第一次看到电影明星现场表演，程之与仲星火表演的相声、程之的二胡表演，令观

电影《欢腾的小凉河》剧照

众如痴似醉大饱眼福，掌声经久不息。《欢腾的小凉河》公映时，上影厂到八步进行了答谢放映。看到平日熟悉的身边场景出现在银幕上，八步电影院出现了购票热潮，许多观众看电影不是关注影片的故事情节，而是感叹家乡的风光上了电影后竟然这么美。

日月荏苒，时光如梭，《欢腾的小凉河》这部电影在其他地方可能早已淡出人们的记忆，然而在贺州却还经常被人提起。对于贺州人来说，电影的情节可能早已被淡忘，但小凉河却给贺州人留下许多美好的记忆。

（二）数字音乐电影

2012 年 4 月 15 日，我国首部数字音乐电影《月光恋》在贺州开机拍摄。《月光恋》反映的是海峡两岸两代客家女人哀怨情仇、人生轨迹的故事。影片以优美动听的客家山歌为连线，以客家文化和客侨文化为纽带，以海峡两岸客属宗亲为联动来打造。通过主要人物阿姚和阿坤的情感纠葛，交替展现海峡两岸两代客家人不同的命运，刻画了老一辈客家人的相思与怀旧，洋溢着新一代客家人的乐观与时尚，凸显了海峡两岸一家亲的主题。这部电影是 2012 年在广西北海举行的第二十四届世

界客属恳亲大会和贺州市建市 10 周年的重点献礼作品。

（三）贺州与电视剧

贺州市如诗如画的山水田园景色，不仅吸引了众多的国外游客，还成为香港著名电视剧《茶是故乡浓》、《酒是故乡醇》、《春蚕织梦》、电视剧《围屋里的女

《酒是故乡醇》剧照（拍摄地点：黄姚古镇）

人》、《美丽的南方》、《英雄虎胆》、好莱坞电影《面纱》、电影《冰雪同行》、《夺宝英雄》、《月光恋》等影视片的外景拍摄地。贺州形象就在银幕前日益丰满，富有特色，也因此吸引了越来越多的游客前来观光旅游。

好莱坞电影《面纱》剧照（拍摄地点：黄姚古镇）

十一、旅游攻略

贺州旅游资源丰富，拥有姑婆山国家森林公园、路花温泉、玉石林、大桂山森林公园、十八水、紫云洞、黄姚古镇、客家围屋、临贺故城等众多自然和人文景观，自然山水景观优美，民族民俗风情浓郁，历史文化底蕴深厚，生态环境优良，旅游舒适期长，是休闲度假理想之地。由于贺州的奇山秀水和独特悠久的历史文化内涵，吸引了香港和内地众多影视组来此拍摄，贺州的美景得以广泛传播，使贺州成为广西重要的接待海内外游客的旅游地。以下是贺州旅游经典路线推介：

（一）贺州一日游

游览黄姚和紫云洞，领略溶洞的神奇美妙之处。早上游览黄姚古镇，古镇为典型的喀斯特地貌，奇峰耸立，古木参天，溶洞幽深，清溪环绕，镇内山水岩洞多，亭台楼阁多，寺观多，祠堂多，古树多，楹联匾额多，还有韩愈、刘宗标的墨迹，何香凝、高士其等名人的寓所，"小桥流水人家"是黄姚古镇的独特风景之一。下午游览紫云洞——一个神秘而令人向往的地方，一处景致集中、景物极尽造化的游览仙境，有琳琅满目的石钟乳、石笋、石幔，让人流连忘返。

（二）贺州二日游

第一天（玉石林、姑婆山国家森林公园）

先坐车到贺州玉石林。玉石林是一片十分罕见的由汉白玉石柱、石笋组成的"玉石林"，内有"千年骆驼"、"空中走廊"、"一线天"等众多的奇异自然景观。然后去姑婆山国家森林公园，姑婆山是天然动植物王国，这里沟壑纵横，终年溪水潺潺。有很多著名的瀑布，其中瓦窑冲奔马瀑布、仙姑瀑布、罗汉瀑布、银河落九天瀑布、"二毫米"瀑布、母子瀑布、鸳鸯瀑布尤为有名。

第二天（黄姚、紫云洞）

上午游览黄姚古镇，下午游览紫云洞。

（三）贺州三日游

第一天（紫云洞）

紫云洞仙境为国家 AAA 景区，一个神秘而令人向往的地方，一处景致集中，景物极尽造化的游览仙境。洞内总面积 8612 平方米，游览道路达 800 米。比萨有著名的斜塔，紫云洞也有罕见的斜塔、悬塔，十几米又高又大的宝塔立于悬空石板上，让人看后心悬。晚上参观市中心灵峰广场夜景，品尝特色小吃，观看世界上独一无二的距今有 2500 年历史的一级国宝——麒麟尊。

第二天（姑婆山）

早上游览负离子最高达每立方米 6 万个的姑婆山森林公园。公园占地面积 8000 公顷，园区内峰高谷深，山势雄伟，森林繁茂，瀑飞溪潺，集"雄、奇、秀、幽"于一体，兼有山水型和城郊型公园的特点。其如诗如画的山水田园景色更是成为香港著名电视剧《茶是故乡浓》、《酒是故乡醇》及电视剧《围屋里的女人》、《春蚕织梦》等影视片的外景拍摄地。前往贺街古镇，游临贺故城，一座遍布秦砖汉瓦，穿越两千多年历史长河的老城。这里有粤湘桂三省区民歌手心中的圣地浮山歌圩，有清幽古朴的石板街、桂花井、三十六宗祠，有高耸入云的文笔塔，有全国唯一的南汉城墙……她因此成为贺州市唯一的全国重点文物保护单位。

第三天（十八水景区）

早上游览十八水原生态景区。景区内峰高谷深、山势雄伟、森林繁茂、动植物资源极为丰富，森林覆盖率达 92%。十八水景区可观赏景点众多，落差近 300 米的十级跌水群龙瀑布，可谓"飞流直下三千尺，疑似银河落九天"，其势之雄堪称桂东第一。

（四）贺州五天游

第一天（铺门石城、临贺故城）

中午前往八步区铺门参观游览铺门石城。铺门石城是广西区级重点文物保护单位，是古代海上丝绸之路的连接点。建于明代隆庆五年（公元 1571 年），由天然陡峭石山做城墙，西北面紧邻贺江，用石块建起南北城门，被誉为天险石城，举世无双。城中约 4 万平方米，包括点将台、猪笼炮台、青石板路、旧石宅基、古城古壁等景点，相互辉映。两旁的石山奇幻多变，如龙如狮，如蛇如蛙，如龟如猴，让你叹为观止。同时石城内外古木参天，石峰林立，独具风情。如今，石城内仍居住着十多户人家，民风淳朴，生活悠然自得。

中午抵达八步区贺街镇，游览临贺故城。临贺故城位于贺街镇，始建于西汉元鼎六年（公元前 111 年）。2001 年 6 月 25 日，临贺故城作为汉至清时期古建筑，被国务院批准列入第五批全国重点文物保护单位名单。故城包括旧县肚城址、洲尾城址、河西古城、河东古城等四个城址、六大古墓群、寺庙二座及宋代营盘一处，内存有大量富有地方特色的古建筑，包括寺庙、祠堂、捕厅、衙门、义仓、会馆、文庙、石板街道、古井、民居、码头及水门等。故城历史脉络清楚，延续时间长，文化内涵丰富，是广西已发现的西汉四大城址中唯一保存完好的历史古城。

第二天（姑婆山、十八水景区、玉石林）

早上游览姑婆山国家森林公园景区。姑婆山国家森林公园景区是桂东第一高峰、香港无线电视台的主要拍摄基地、华南地区最大的天然氧吧。空气中负氧离子含量高达每立方厘米 65856 个，具有峰高谷深、山势雄伟、森林繁茂、动植物丰富、瀑飞溪潺、环境幽雅等特点，集"雄、奇、秀、幽"于一体，为山水型、城郊型国家森林公园。主要观赏景点有仙姑瀑布、试酒亭，九铺香酒厂、大草坪、孔雀园、仙姑庙、方家茶园、江南水乡影视城。

中午游览十八水原生态景区。该景点峰高谷深、森林繁茂，全部为原生态的原始次森林景观，空气中负氧离子每立方厘米含量达 6.5 万个以上，是纯净的天然大氧吧。可观赏到落差近 300 米的十级跌水群龙瀑布，其势之雄伟堪称粤桂湘三省边地第一，是广西最高的叠水瀑布。十八水景区是集"雄、奇、秀、险、幽"于一体的生态旅游胜地。

接着游览地质奇观玉石林景区。玉石林景区位于平桂管理区黄田镇，距市区仅 18 公里，面积共 25 公顷，游览路程 13 公里，主要观赏景点一百余处，此处奇峰突兀，石笋、石柱、地槽、漏斗、暗井密布，形成"石槽漏斗"、"天缝地坑"、"千年骆驼"、"天狗吃月"、"空中走廊"、"世外桃源"、"一线天"等奇特景观，景区内的峰林全都由汉白玉大理石构成，是目前世界上所发现唯一的玉石林奇观。

晚上可以去泡温泉，夏天时候有冰泉。路花温泉景区三面环山，一面临溪，瀑飞溪潺，层林叠翠。据专家检测，温泉水中富含多种对人体健康有益的矿物质微量元素，对神经性骨痛、风湿病等有多种疾病具有特殊疗效，起到舒筋活络、强身健体、润肤养颜、安神定惊、延缓衰老等保健作用，是广西著名的温泉疗养胜地。

第三天（富川、状元村）

早上前往富川，抵达县城后游览"富川风雨桥"。该风雨桥位于油沐乡中岗村与油草村之间，建于明万历年间（公元 1573 年—1620 年），明崇祯十四年（公元 1641 年）重修。由三孔石桥、桥廊、桥亭、阁楼组成，全长 37.54 米、宽 4.6 米、高 4 米，占地面积 270 平方米，建筑面积 187.70 半方米。桥长 30.43 米、高 4 米、宽 4.6 米。过了风雨桥之后接着参观"富川瑞光塔"，位于富川瑶族自治县县城南郊约 500 米富江西畔的急转弯处。因塔内曾供有阴刻雕观音像，俗称观音塔、观音阁。塔为 7 层楼阁式六角形砖塔，高 28 米，塔基埋深 4.8 米，塔尖有重达400 公斤的铜刹盖顶。各层皆有一门，依次顺时针变化门向。顶层六面有窗。塔内有螺旋式砖梯 78 级，可直达顶层。登塔远眺，可观"富川八景"中的"三景"："富水奔涛"、"层峦耸翠"和"山泉飞瀑"。

塔下林木成荫，玉泉清冽，环境十分幽雅。接着游"富川古城墙"。此景位于富川县城北面，为全区保持较完好的古县城之一，是自治区文物重点保护单位。明富川城总面积为 0.3 平方公里，始建于明弘治十三年（公元 1500 年），距今近五百年。城墙在明万历年间改为青砖墙，周长 2113 米，高 6 米，厚 3 米，垛口 909 个。城门内古街道呈井字形，均用鹅卵石铺筑，并有金钱图案，古雅别致。

中午前往"秀水状元村"，位于富川县朝东镇境内，距县城 30 公里。村境之内有"三江涌浪"、"灵山石宝"、"眠兔藏烟"、"天然玉鉴"、"青龙卷雾"、"鳌岫仙岩"、"大鹏展翅"和"化鲤排云"等八大景观，故有"小桂林"之美称。秀水不仅自然风光美，而且人才辈出。在县志记载的 133 名富川历代科举进士名录中，仅秀水状元村就占了 27 名，其中就有宋开禧元年乙丑状元——毛自知，因而有"状元村"之美称。目前，村内有状元楼、古戏台、古牌坊、古泉池、古罩壁等景观一批；有历朝历代皇帝赐封和官府贺赠的各式古牌匾一批，和唐、宋、元、明、清古民居建筑群以及古建门楼等古迹一批，因而又享有"宋元明清古建筑露天博物馆"之称。

第四天（十里画廊、黄姚古镇）

早上前往钟山县"十里画廊"。双园峰林十里画廊景区，距离贺州市 50 公里。景区内的双鹅山、坐佛山等数百座石峰拔地而起，峰峦竞秀，千姿百态，是罕见的喀斯特峰林地貌奇观。群山中千亩荷塘连片，每逢盛夏初秋，塘中的荷花竞开、红枫点缀其间，绘出一幅天然的绚丽多彩之山水长卷。景区连绵几十里，风景如画，其峰林之奇、之丽、之秀的恢宏展示，它与简朴的村庄、纯朴的民风融为一体，充满着浓郁的田园气息。这是贺州规模最大、最美的十里画廊山水田园风光景区，与英西峰林走廊并称为中国最秀美的峰林景区。

接着前往"黄姚古镇"，"中国最具旅游价值古城镇"、"中国最值得外国人去的 50 个地方"，堪称"梦境家园"。领略明清两代的特色建筑，如原广西省工委旧址、古戏台、皇帝诏书、宝珠观、鲤鱼街、八仙睡榕、岭南第一石板街、千年古榕等。

第五天（客家围屋、月湾茶园）

早上前往电视剧《围屋里的女人》的拍摄外景地——客家围屋。有"广西第一围"之称的客家围屋占地面积三十多亩，分南、北两座，相距三百米，呈犄角之势。南座三横六纵，有厅堂九个，天井十八处，厢房九十四间，整座围屋建筑为方形对称结构，四周有三米高墙与外界相隔，屋宇、厅堂、房井布局合理，形成一体，厅与廊通，廊于房接，迂回折转，错落有致，上下相通，屋檐，回廊，屏风、梁、柱雕龙画凤，富丽堂皇，是典型的客家建筑文化艺术结晶，素有江南"紫禁城"之美称。

接着前往"月湾茶园"参观。月湾茶园于 2009 年建设，项目计划投资 600 万元，至今累计完成投资 710 万元，项目建设初具规模。先后完成了 500 亩优质茶园种植、茶叶加工厂建设、景区道路建设、河堤加固、环境绿化等项目，初步形成了以茶园观光为主的自然生态景观。

现代社会中，文明不仅仅特指精神财富，如文学、艺术、教育、科学等，还包括发展到较高阶段经济社会建设的各项成果。改革开放30多年，对贺州而言，是经济发展、腾飞的30多年，是社会开拓创新、稳定安宁的30多年，是城市建设大步向前的30多年。

建设文明贺州，更是在社会稳定、经济前进的改革发展之路上举足轻重的战略目标。深入推进社会主义核心价值体系建设，广泛开展群众性精神文明创建活动，集中全力发展教育等公共事业，积极建设生态文明，大力发展循环经济，创建森林城市、华南生态旅游名城，建设社会主义新农村……文明贺州的稳步前进，体现着贺州公民素质和城市文明程度的不断提高，也提升了贺州的文化竞争力和知名度、美誉度。

一、学在贺州

贺州自古便是书香之地，对于文化建设、教育建设更是非常重视。教育事业的发展可以说是贺州改革发展史上颇为瞩目的一个领域。

在贺州市委、市政府的高度重视下，在自治区教育厅的精心指导和大力支持下，贺州市抢抓全国、广西中长期教育规划纲要颁布实施的重大机遇，坚持教育优先发展，大力实施"科教强市、人才兴贺"战略，以办好人民满意教育为宗旨，统筹推进教育改革试点和发展重点工程，各级各类教育取得了显著成绩。

（一）教育事业

1. 教育改革

贺州市始终贯彻全新的教育理念，在深入调研、集思广益的基础上，科学编制《贺州市教育事业"十二五"发展规划》以及学前教育、义务教育、普通高中教育、职业教育等系列子规划，确定贺州教育事业改革和发展的总体思路、发展目标、主要任务和保障措施，为贺州教育事业改革和发展明确了方向。贺州市以开展"五个活动"为载体，统筹推进

贺州高中 70 周年庆典场景

各级各类教育协调发展。

第一，大力开展"乡镇中心幼儿园建设促进活动"，学前教育呈现多元化发展格局。贺州市制定了学前教育三年行动计划（2011—2013）并组织实施，深入开展"乡镇中心

昭平县五将镇中心幼儿园开展游戏活动

幼儿园建设促进年"活动，重点发展公办幼儿园，支持多种形式发展民办幼儿园，积极构建多元化发展格局，逐步破解学前教育"入园难"问题。2011 年秋季学期，贺州市幼儿园搬迁建设任务顺利完成并实现开班办学。

第二，大力开展"义务教育巩固率提高活动"，义务教育均衡发展水平不断提升。通过强化政府行为、建立健全"双线"目标责任制、开展"千名教师进万家"家访行动等多项措施，大力开展"控辍保学"专项行动，义务教育巩固率稳步提升，顺利完成了自治区下达的目标任务。启动新一轮布局结构调整，进一步优化中小学布局结构。贺州市本级投入8亿元组织实施中心城区教育项目建设大会战，重点建设中心城区8所中小学校，逐步破解中心城区教育资源不足难题；各县（区）制定布局调整规划方案，统筹区域教育资源，加强常规管理，加大农村薄弱学校改造和教师培养力度，进一步缩小城乡间、校际间的差距，全市义务教育均衡发展水平不断提升。

第三，大力开展"普通高中改扩建推进活动"，普通高中基础建设实现新突破。启动了11所高中的新扩建项目，其中市本级投入5.1亿元重点推进贺州高中迁建工程和贺州二高扩建工程，进一步扩大中心城区普通高中办学规模。目前，贺州高中迁建工程已进入主体建设阶段，累计完成投资近2.1亿元；贺州二高扩建项目已完成投资约8000万元，教学综合楼已完工；教师办公楼主体建筑及装修基本完工；四栋学生宿舍已经封顶；学生食堂正在进行基础施工。

第四，大力开展"教育教学质量提升活动"，教育教学水平稳步提升。强化学校管理和教育质量监测，启动"名师工程"，建立全市自治区示范性普通高中联席会议制度，全

富川县中小学使用多媒体教学

面加强贺州市6所示范性高中备考及高考经验的交流共享，促进了教育教学质量的整体提高。

第五，大力开展"职教攻坚验收活动"，职教攻坚顺利通过评估验收。全面完成职教攻坚目标，并顺利通过自治区评估验收。贺州市累计

投入职教攻坚经费 3.97 亿元，完成自治区下达任务数 2.02 亿元的 196.81%；2013 年全市完成中职招生 14816 人，完成自治区下达

贺州市职教中心

任务数 14100 人的 105%。全市职业教育呈现出基础增强、发展提速、质量提高的良好发展态势。

2. 教育项目建设

贺州市坚持教育经费投入的"三个增长"，实行领导挂点、倒排工期、专项督办等工作制度，扎实推进各类教育项目建设。投入 8 亿元启动实施中心城区教育项目建设大会战，重点推进中心城区 8 所中小学校（幼儿园）的建设工程，全面改善中心城区中小学办学条件，进一步优化中心城区布局调整。强力推进中小学校舍安全工程、中西部农村初中校舍改造工程、中西部特殊教育学校建设工程等项目 148 个，改造中小学校舍面积 10.97 万平方米，累计完成投资 10169.16 万元。

3. 全面加强教师队伍建设

按照《广西中长期教育改革和发展规划纲要》和《贺州市教育十二五规划》要求，先后出台了《贺州市十二五教师队伍建设规划》，《贺州市名师工程暂行规定》、《关于实施贺州市中小学名校长培养工程的通知》、《贺州市农村中小学教师素质提升工程实施方案》等加强教师队伍建设的文件，构建一套符合贺州市实际的师资队伍建设的培养、培训新机制。一是组织实施各级各类教师培训项目。近年来，在各级、各学校的努力下，全市共计投入教师培训经费 2800 多万元，组织选派

31050 人次的中小学教师和校长参加"国家级教师培训计划"、"自治区级教师培训计划"、"市级教师培训计划"等中小学校长和教师培训项目，培训覆盖了从幼儿园到高中（中职）各个学段的中小学校长和教师。2013 年，组织教师到昭平县举办"贺州市中小学高效课堂建设现场会"，努力提高教师的业务素质，广西电视台公共频道《八桂新风采》进行了宣传报道。二是实施了贺州市农村中小学骨干教师远程研修工程。从 2012 年起，用 3 年的时间，教育部门与国内重点师范大学联合组织实施贺州市农村中小学骨干教师远程研修工程，工程采用远程培训和线下校本研修实践、专家和教师开展同课异构活动等形式，分别对全市 500 名初中、1500 名小学骨干教师进行系统的培训，切实提高农村中小学教师队伍的教育教学能力。三是开展了以学科带头人培训为重点的中小学骨干教师集中培训。教育部门参照国培计划、区培计划的成功做法和经验，分别与南京师范大学、华东师范大学合作，举办贺州名师、学科带头人、骨干教师高级研修班 2 期，重点加强全市贺州名师、学科带头人、教坛新秀、骨干教师培训，确保了中小学骨干教师的不断成长。四是启动了贺州市中小学名校长培养工程，提高中小学校管理水平。从 2012 年开始，为进一步加强中小学校长队伍建设，提高学校管理水平，在全市遴选了 42 位中小学校长列为全市名校长培养工程的培养对象，联合华东师范大学对培养对象进行专题培养提高，培养工程按照菜单式培养计划，集中培训、专题研讨、岗位研修、国内名校挂职锻炼、专家指导、考核评估等方式对培养对象进行全方位的培训。力争用 4 年时间将培养对象打造成在全市乃至在全区有水平、有影响力的、具有高尚的职业道德、先进的教育理念与科学的管理思想、较强的管理、创新和特色学校建设能力、良好的示范与辐射能力的名校长。以更好地发挥校长表率、引领、示范和辐射作用，提升全市中小学校管理水平。

近年来，全市先后涌现出了一批模范个人，全市有 548 位教师先后荣获自治区级和市级优秀教育工作者、优秀教师、优秀班主任、师德标兵称号；4人获自治区特级教师荣誉；先后评审确定10名贺州名师、40名贺州市学科带头人和100名贺州市教坛新秀、42名中小学名校长培养对象、4名教师入选自治区基础教育名师培养工程、3名校长入选自治区基础教育名校长培养工程。

4. 教育公平迈出新步伐

坚持办民生教育、人民满意教育，积极实施教育惠民工程，全面促进教育公平。健全完善了从学前教育到高等教育"全程覆盖，无缝连接"的学生资助体系，2007年以来全市共资助（奖励）学生86.79万人次，发放助（奖）学金54993.75万元，为37188名家庭经济困难大学生办理生源地助学贷款22070.5万元；全面完成农村义务教育学校课桌椅更新工程，并率先通过自治区的评估验收，成为全区第一个通过自治区评估验收的地市；启动"学生营养改善工程"试点工作，初步摸清并建立了学生营养档案；切实保障进城务工人员子女受教育权利，全市义务教育阶段接收进城务工人员随迁子女共8700多人；组织实施"留守儿童关爱工程"，全市共筹集资金85.65万元，发放留守儿童亲情电话卡7.79万张。

5. 校园安全卫生进一步加强

全面加强校园安全宣传教育工作，建立校园安全长效管理机制，健全校园及周边综合治理联席会议制度，积极开展"平安校车"创建活动，深入开展安全卫生专项整治行动，协调配合校园及周边环境综合治理，完善学校突发事件报告与预警制度，确保学校安全，全年全市没有发生校园安全卫生重大事件。

（二）重点学校巡礼

1. 贺州学院

贺州学院是一所具有70年办学历史的全日制公办本科院校，前身为创建于1943年的广西省立平乐师范学校，此后历经贺县师范学校、

贺州学院西校区

八步师范学校、梧州地区教师进修学院、梧州地区教育学院、梧州师范高等专科学校六个发展时期。2006 年 2 月升格为本科院校，更名为贺州学院。学校传承"自强、自立、求知、求真"的校训精神，坚持"质量立校、人才强校、特色兴校、文化铸校"的办学理念，培养品德好、基础实、专业精、能力强，下得去、用得上、留得住，适应地方和区域经济社会文化发展需要的高素质应用型人才，立足贺州，面向基层，服务区域，主动为地方和区域经济社会文化发展服务。

学校分东、西两个校区，校园占地面积 93.4 万平方米，教学行政用房面积 10.2 万平方米，学生校舍面积 8.9 万平方米。截止 2013 年底，学校教学科研仪器设备总值 5516 万元，拥有教学用计算机 2902 台，多媒体教室和语音实验室座位 6574 个，图书 91.69 万册。有教职工 825 人，其中专任教师 544 人，具有研究生学位教师 294 人，教授 26 人，副教授 156 人。有各类学生 11972 人，其中本科生 7743 人，专科生 1686 人，留学生 16 人，成人教育 2527 人。学校下设教学二级学院 12 个，本科

贺州学院西校区校园

专业 33 个、专科专业 12 个，已经发展成为以工学、理学、教育学为主，文学、经济学、管理学、艺术学、法学等多学科协调发展的应用型本科院校。2008 年获得学士学位授予权，2013 年被列为广西新增硕士学位授予权建设单位。

学校拥有广西重点学科 3 个、广西高校特色专业 4 个、广西高校重点实验室 1 个、广西高校重点研究基地 1 个、自治区级实验教学建设中心 1 个，是广西重点培育教师教育基地；建成了具有地方特色的族群文化博物馆、贺州矿冶钱币博物馆和林汉涛艺术馆，形成了南岭走廊族群文化、贺州方言、桂东特色资源利用与开发等特色领域研究，取得了一批较高水平的教学、科研成果；获广西社会科学优秀成果奖一等奖（参与）1 项、二等奖 3 项，自治区级教学成果奖特等奖 1 项（合作）、一等奖 1 项、二等奖 2 项、三等奖 6 项。2013 年获得国家自然科学基金项目和国家社科基金项目共 7 项。学生参加科技竞赛活动，获得国家级奖项 30 多项、自治区级 518 项；参加文艺竞赛活动，获全国大学生艺术展演舞蹈类一等奖 1 项、二等奖 1 项、广西大学生艺术展演二等奖 3 项、三等奖 7 项。"红五月科技文化艺术节"获广西高校校园文化建设优秀成果奖。

学校环境优美，绿草如茵，先后被授予"国家级语言文字规范化示范学校"、"全国高校节能管理先进院校"、"全国绿化模范单位"和自治区级"绿色先进集体"、"绿色大学"、"文明单位"、"文明卫生学校"、"卫生优秀学校"、"广西森林校园"、"和谐学校"等荣誉称号，连续多年被评为自治区"安全文明校园"。

贺州学院图书馆

2. 贺州高级中学

贺州高级中学是一所具有光荣历史的八桂名校，学校前身是 1940 年胡天乐、黄研真等人创立的"私立临江中学"，学校先后更名为"临江中学"、"贺县一中"、"贺县中学"、"贺县芳林中学"、"贺县高级中学"、"贺州市高级中学"。2003 年 1 月，学校上划地级贺州市管辖，定为贺州市重点高中，更名为贺州高级中学。2005 年 2 月，学校被确定为自治区示范性普通高中。贺州高中现有 73 年的办学历史，为国家培养了三万多名学生，校友遍及海内外。中国工程院院士、著名医学家李绍珍，原航空航天部突出贡献专家、著名飞机设计师、"运十"副总设计师程不时，全国供销合作总社副主任黄进，著名书法家、原广西壮族自治区党委常委、秘书长、政协副主席钟家佐，原自治区人大常委会副主任张幕洁等均是校友中的杰出代表。

学校现有在校学生 3308 人，63 个教学班，教职工 294 人，其中专任教师 274 人。专任教师中有中学高级教师 83 人、中学一级教师 86 人，特级教师 3 人；26 人具有硕士学位，34 人具有研究生学历。学校占地 127 亩，校舍总面积 62636 平方米，有 400 米 8 环道标准塑胶运动场 1 个、8 个篮球场、2 个排球场和 1 个 8 泳道标准游泳池，各类图书、仪器、

贺州高级中学校园全貌

电教设备均达自治区示范高中标准要求。

学校坚持"育人为本，全面发展"的办学思想，遵循"任重道远，自强不息"的校训，形成了"严格要求，刻苦钻研，精益求精，教书育人"的教风和"勤奋学习，勇于探索，生动活泼，持之以恒"的良好学风。教育教学质量连年提高：2013年高考，全市文理科总分第一名均在该校，其中应届理科考生陈福强以666分列贺州市第一、广西第六名（不含照顾分），被清华大学录取；文科应届考生刘静瑜以640分列贺州市第一、广西文科第十八名，被北京大学录取。全校总分600分以上达44人（全市共49人），其中文科11人，理科33人。全校一本上线496人，上线率34.47%；全校二本以上上线1226人，上线率85.20%；少数民族班1016班（主要为富川籍考生）一本上线率64.06%，二本以上上线率100%；文科实验班1007班一本上线率达91.38%；理科实验班1019班一本上线率达100%，两个理科重点班（1017班、1018班）一本上线率达90.18%。近年来学校先后荣获"自治区文明学校"、"全区中小学德育工作先进集体"、"广西依法治校示范校"、"全区中小学校园文化建设先进学校"、"自治区卫生优秀学校"、"广西基础教育科研工作先进学校"、"全区法制宣传教育先进集体"等荣誉称号。

3. 贺州市第二高级中学

贺州第二高级中学创办于1957年元月，是一所由贺州市人民政府主办、贺州市教育局直属管理的公办高中，是"自治区示范高中"、"贺州市重点高中"。学校占地面积113亩，校园环境雅致，布局科学，是名副其实的"花园式"学校。目前学校正在实施扩建工程，项目总投资约1.18亿元，扩建项目完成后校园面积将达200亩，办学规模将扩大到5000人。学校现有在校学生3500多人，教职工223人，专任教师198人，其中研究生27人，高级教师48人，中级教师66人。有全国优秀教师1人，广西特级教师2人，自治区园丁工程A类人才5人，

贺州市第二高级中学

自治区优秀教师 16 人，市园丁工程 B 类人才 8 人，市优秀教师 39 人。教师们素质高、业务精、治学严谨、爱岗敬业。

学校基础设施完善，教学设备先进，全部教室配备多媒体设备，拥有一流的实验楼、图书馆、教学功能室、公寓式学生宿舍楼、食堂。自恢复高考以来，学校共有 10000 多人进入高等院校深造。近七年的高考成绩更为突出，2007 年至 2013 年，连续七年本科上线率居全市第二，2013 年本科上线率高达 91.1%，积累了"底进高出，高进优出"的办学经验，推动学校实现跨越发展。

在五十多年的办学历程中，学校形成了"为学生终身发展奠定基础"的办学理念，把"厚德、博学、求实、创新"作为校训，树立了"爱生、守纪、勤奋、善教"的教风和"尊师、守纪、勤奋、善学"的学风，积淀了"低进高出，高进优出"的成功教育经验，为社会培养了大批优秀人才。近年来，学校高考重点、本科上线人数连年飙升，艺术特长生培养成果显著，航模比赛多次获全国金牌，在社会上享有很高声誉，已成为桂东地区一颗璀璨的明珠。

4.富川高中

富川高中创建于 1930 年，当时校名为"富川县立初级中学"，后校名几经更改，至 1983 年富川瑶族自治县成立，校名随之改为"富川瑶族自治县高级中学"，简称"富川高中"。

学校总面积 116725 平方米，教学硬件设施先进，配置齐全，教学实验设备、体育设施达到国家 I 类标准。学校现有教职工 182 人，专任教师 165 人，其中特级教师 1 人、高级职称教师 35 人、中级职称教师 82 人，专任教师学历合格率达 100%，师资力量雄厚，其中杰出代表有：全国民族团结进步模范个人胡华顺，全国优秀教师陈英杰、奉明龙，全国优秀班主任麦廷云，全国先进教育工作者李孝洪，自治区特级教师陈文清、李康林、欧阳湘才，自治区优教秀师陈文清、李康林，自治区优秀班主任麦廷云、唐春富等。学校现有 42 个教学班，在校学生 3000 多人。2009 年，学校被评为自治区示范性普通高中。

富川高中始终贯彻党和人民的教育方针，恪守"严、勤、礼、恒"的校训，秉承"教其做人，育其成才"的办学理念，树立"严谨治学，

富川高中校园

为人师表"的教风和"勤于钻研，立足创新"的学风，积淀了丰厚的文化底蕴，培养出两万多名毕业生，孕育出一大批优秀人才，如第九、第十届全国人大常委委员、中共中央候补委员、自治区人民政府原副主席奉恒高，自治区统战部原副部长程若天，贵阳某部原师政委程若和，梧州地区行署原专员、地委书记任现春，留美博士李明，留日博士高级工程师李勇，广西师大物理系理论研究所教授孔令江，清华大学博士后毛献辉等。

2000年以来，学校先后获"全国中小学图书馆先进集体"、"广西文明学校"、"广西教育工会先进集体"、"广西爱科学月先进集体"、"广西体育锻炼标准先进单位"、"广西德育工作先进集体"、"广西爱国卫生先进单位"、"自治区文明庭院"、"广西卫生优秀学校"等荣誉称号。

5. 昭平中学

昭平中学是一所全日制普通高级中学，于2005年2月晋升为自治区示范性普通高中，是广西、全国首批绿色学校，是全国精神文明建设工作先进单位，有"深山名校"的美称，被誉为"深山飞出的金凤凰"。

昭平中学校园

学校创办于1937年，前身为"县立国民中学"，1982年更名为"昭平县中学"，2006年定名为"昭平中学"。建校70多年来，昭平中学已发展成为一所享誉区内外、办学成绩显著、目前贺州市办学规模最大的自治区示范性普通高级中学。

学校占地面积182亩，风景宜人，幽雅宁静，亭台廊廊，错落有致，

昭平中学科技大楼

有深厚的校园文化底蕴，是莘莘学子学习的理想之所。学校各类教育教学设施完备，教学技术现代化，多媒体设备进入每一个教室。校园环境以绿色植物造景为主，精心设计，做到点面结合，集休闲、运动、娱乐于一体，是典型的绿色生态园林校园。

学校师资实力雄厚，现有教职工218人，其中专任教师184人。专任教师中，高级教师57人，国家级骨干教师1人，广西21世纪园丁工程骨干教师8人，省市级优秀教师22人，市学科带头人3人，县拔尖专业技术人才6人，研究生8人。目前，学校有57个教学班，在校生3700人。

"笃信奋勉"是学校的校训，"团结、勤奋、求实、创新"是学校的校风。学校坚持"以人为本"的办学理念，认真实施素质教育，扎实推进教育教学改革，形成鲜明的三大育人特色，取得"进得来，学得好，上得去"的"低进高出"的成功教育经验。2005年以来，学校教师在参加的各级各类各学科优质课、展示课中，获各类奖项达60多人次。

学校曾连续13年高考上线率居地市榜首，先后有9名学生进入广西文、理科个人总分前十名。1984年以来，已为国家输送了12000多名大学生，其中考上全国重点大学的学生近1000人，考入清华大学、北京大学8人。2007年以来，学校在生源质量较往年有所下降的情况下，高考成绩仍年年创新高，稳居市同类学校前列，使更多的山区学子进入本科大学深造。

学校坚持科研课题研究，科研课题研究数量递增快、档次高，课题研究成果丰硕。2005 年以来，学校承担国家级课题 1 项，国家级子课题 3 项，自治区教育科学规划课题 10 个，广西哲学社会科学重大招标课题子课题 1 个，市级课题 26 个，自治区优秀成果 15 项，形成国家、区级、市级、校级不同层次的科研项目体系，内容涉及学校的管理、德育、课堂教学改革、课程改革、现代教育技术与课程整合等各方面。

在上级领导和教育行政部门的领导下，通过全体师生的努力，昭平中学已成为山区县引领示范办学的突出学校之一，是享誉桂东地区乃至广西区内的一颗教育明珠，备受各级领导和教育界同行及广大干部群众的广泛好评和高度赞扬。学校也备受各种媒体关注，中央电视台、广西电视台、《人民日报》、《广西日报》、《今日广西》、《广西教育年鉴》、《贺州日报》等区内外主流媒体先后多次刊载图文报道学校的办学业绩，在区内外产生了良好的声誉和影响。学校已成为昭平县教育交流的窗口和教育资源信息的中心。

目前，昭平中学正朝着县委提出的"创名校、出名师、育名学子"的奋斗目标迈进，努力挖掘优质高中资源，为把学校办成一所区内一流、高质量、有特色、全国有影响的示范性高中而不懈奋斗。

6. 钟山中学

钟山中学创办于 1926 年，位于富江河畔、黄竹山下，钟灵毓秀、人杰地灵，为国家培养了大批优秀人才，他们当中有原自治区副主席奉恒高、现自治区人大常委会秘书长邵博文、长征三号甲乙运载火箭副总设计师潘绍珍、中科院博士生导师曾宪津、美国加州大学博士生导师韦梧昌等。2006 年 3 月，学校顺利通过了自治区示范性普通高中验收评估。

自建市以来，钟山中学在上级领导的正确领导和大力支持下，在学校领导励精图治和广大教职工的发奋努力下，办学条件不断完善，办学

钟山中学校门

规模不断扩大，有教学班 50 个，教职工 200 人，学生 3415 人。

　　建校以来，钟山中学获得诸多荣誉，包括广西"英特尔未来教育"项目表彰荣获优秀组织管理奖、贺州市青少年爱国主义读书教育活动先进集体、贺州市学生资助工作先进单位；广西"绿色学校"、广西"优秀卫生学校"。同时，该校在教学方面也取得了优异的成绩，近三年的高考成绩稳步上升。2012 年二本创历史新高，一本 40 人，二本以上 364 人，三本以上 747 人。

　　学校现有中高级教师 91 人，全国优秀教师 1 人，自治区园丁工程 A 类人才 1 人，研究生学历教师 9 人。学校承担过多项国家级、自治区级重点课题和市级课题，教师

钟山中学教学楼

发表国家级、省级论文和获省级以上论文奖223篇，有近25人次获全国、自治区级荣誉。

在未来的时期里，钟山中学继续忠诚于党的教育事业，继续与时俱进，适应高中新课程改革需要，办人民满意的教育。

7. 平桂高级中学

平桂高级中学始建于1943年，1958年创办中学，前身为平桂职工子弟学校，称平桂西湾中学（简称西中），1988年更名为平桂高级中学，隶属于中国有色金属总公司平桂矿务局，2003年移交贺州市八步区人民政府，2004年12月成为八步区示范性高中，2007年贺州市平桂管理区正式成立，平桂高级中学归划平桂管理区。学校位于平桂黄花山麓、贺江河畔，毗连207国道（距离50米），市内5路公交车直达校门，交通十分便利。学校依山傍水，绿树成荫，繁花似锦，占地面积约100亩，教学建筑面积约4800平方米。拥有一栋综合办公楼，二栋学生公寓楼（有阳台、洗漱间、卫生间、电话、风扇、直供热水）。学校现有教职工127人，在校学生1800多人，教学班级29个，学校实行封闭式管理。

全校有专职教师127人，中青年教师占绝大多数。其中高级教师

平桂高中校园

29 人，中级教师 31 人，研究生 15 人，师资力量雄厚。他们是一支思想活跃、治学严谨、知识视野开阔、理论研究深刻、热爱教育事业、热爱学生的知识型教师队伍，他们学历层次高、教学善创新，着眼于学生能力、素质的培养，致力于教材，教法和课程的改革，教学研究风气浓厚。学校教研硕果累累，教学成绩骄人。学校提交的教师教育教学论文在市、自治区、全国屡屡获奖。

平桂高中的学生思想活跃，敢于置疑，勇于创新；教师支持鼓励学生大胆探索、创新，注重学生综合素质和个性特长的发展。在 60 余年的办学历程中，学校坚持德育至上、育人为本的办学思想，逐渐形成了"诚实、守纪、团结、勤奋"的优良校风，为社会造就了一大批合格的毕业生，为清华大学、北京大学、北京师范大学、同济大学、厦门大学、中国政法大学等全国著名高校输送了一大批优秀的大学生，进入 21 世纪以来，学校高考升学率每年都保持在 80% 以上，学校经常组织专家讲座、社会调查、专题采访、学科实验、课题研究、演讲辩论、文艺演出等活动。全校目前有各类学科兴趣小组、俱乐部、社团 20 多个，参加的学生 1000 多人次。丰富多彩的第二课堂活动和综合实践活动使平桂高中学生的个性得以健康的发展，综合素质得到全面培养。学校每年有上百位同学在市、自治区、全国的各种科技制作、科技论文、小发明、绘画、征文等比赛中获奖。

学校近年来先后被自治区评为师德师风先进集体、军训先进集体、中小学德育工作先进集体、教育法制工作先进集体、中小学校园文化建设先进学校、优秀卫生学校，荣获贺州市十佳文明校园称号。

二、文化贺州巡礼

（一）贺州市文化中心

贺州市文化中心是贺州市第一座大型公益性文化设施，该项目位于贺州市城东新区太白湖公园内，项目总占地面积 117.7 亩，总建筑面积 33621m²，总投资概算为 3.13 亿元。

贺州市文化中心属于一个单体建筑，分为地下二层及地上五层建设，内设 1456 座大剧院，其中：池座 1028 座，乐池升高时座位 91 座，楼座 337 座。剧场外有 142 座、106 座电影放映厅各 4 个及艺术业务培训室、排练场、行政办公室、贵宾室、商业用房等。

贺州市文化中心整个建筑形体呈现正圆形的体量，设计攫取了贺州的天、地、山、水的意象作为构思源泉，以圆的整体形态象征天圆，以方形基座象征地方，设计充分融合了贺州的两个文化元素：客家文化及瑶族文化元素，充分体现了独特的地域文化特征。周边山水环抱，高楼林立，而重要的功能和特殊的整体形态决定了她必将作为贺州新城的重要景观节点和文化地标，成为视线的焦点。

贺州市文化中心自 2011 年 11 月开工建设以来，项目各项工作稳步有序的推进，当前主体工程已顺利封顶，完成主体工程量的 100%。2013 年 9 月 29 日通过了主体结构验收。截至 2014 年 1 月已累计完成投资 1.7 亿元。

（二）太白湖公园

正在启动的太白湖公园地处八步城区城东新区核心区，它占地面积约 122.2 万平方米，是贺州第一座综合性公园，东至工业大道，西至贺

太白湖公园效果图

太白湖夕照

州大道，北至八达路，南至太白路，属市级综合性公园。太白湖公园规划总建筑面积 50 万平方米。水域面积占公园总面积的 30%，水质良好。

太白湖公园，规划是包裹着贺州市文化中心的一座大型公园，公园及周边房地产开发相辅相成、相得益彰，公园南面建设高级住宅区绿洲家园，公园北面是一片大湖，项目建设内容包括：水上运动、儿童游乐设施、植物观赏区等。公园中的水、绿地等自然开放空间提供了城市与自然环境最为密切的交流场所，所以公园可以定位为水景园。

三、文明贺州建设

（一）公共文化服务基础设施建设

近年来，贺州市不断加大文化资金投入，通过积极向上争取资金，充分利用好中央扩大内需项目、城市建设大会战、365 重大项目、五城联创等契机，完成了钟山县图书馆、八步区文化馆综合楼、昭平县图书馆的建设和贺州市文化中心建设项目的推进工作。按照"因地制宜、实事求是、不断完善、立足实用"的原则，把乡镇文化站、文化信息资源共享工程和农家书屋工程建设作为公共文化服务体系建设的重要抓手。

2008 年以来，贺州市共新建 31 个乡镇综合文化站、57 个文化信息资源共享工程乡镇基层点，建成 229 个村级公共服务中心、707 家农家书屋，完善了"以镇文化站为龙头，以村文化室为纽带，村文化户为基础"的三级文化网络结构，建立培育了一批有影响的的农村文艺团体。同时，市级图书馆、群艺馆、博物馆已列入国家"十二五"建设规划。

1. 重大文化设施建设

第一，贺州市文化中心项目顺利推进。贺州市文化中心项目于 2011 年 9 月 23 日正式开工，2013 年初主体工程全面封顶。目前，主体工程施工正有序、稳步、顺利推进。

第二，市级"三馆"（图书馆、博物馆、群众艺术馆）项目建设顺利起步。至 2012 年 5 月 18 日，贺州市市级"三馆"建设项目已投入经费 105 万元（含项目建议书、可行性研究报告编制、修改等费用），已顺利完成了项目建议书、可行性研究报告的编制工作和规划选址、项目立项、环境评估、财政配套资金承诺、政府运行经费承诺等前期工作，目前，项目进入建设前期准备阶段。

2. 文化基础设施建设

第一，完善村级公共服务中心项目建设。2010 至 2013 年，贺州市村级公共服务中心建设任务共 229 个，其中八步区 43 个，钟山县 28 个，富川县 74 个，昭平县 50 个，平桂

富川县富阳镇黄龙村公共服务中心

管理区 34 个，总投资 7398 万元左右。至此 2010 至 2013 年的建设任务已全部完成并通过验收。2014 年自治区下达贺州市村级公共服务中心建设项目 80 个，现已全部完成选址工作，各县（区、管理区）正在进行项目工程预算评审工作、项目招投标工作和配套资金落实工作，部分已开工建设。

1 八步区南乡镇综合文化站
2 昭平县走马乡文化站
3 八步区莲塘镇美仪村农家书屋
4 昭平县森冲村农民群众在农家书屋里看书
5 钟山县妇女儿童在农家书屋里看书

第二，完善乡镇综合文化站建设项目。2009 年至 2011 年，贺州市全市共新建乡镇综合文化站 31 个，其中昭平县 6 个，八步区 8 个，钟山县 7 个，平桂管理区 4 个，富川县 6 个，总投资 1100 万元。每个乡镇文化站建筑面积达 350m^2 以上，功能设施符合建设要求，并全部通过自治区文化厅验收。

第三，完善农家书屋项目建设。截止到 2013 年，贺州市全市共建农家书屋 707 家（其中 2008 年 69 家，2009 至 2010 年 133 家，2010 年至 2011 年 337 家，2012 年 168 家），实现了全市行政村农家书屋全覆盖。

（二）全民健身和竞技体育发展成绩斐然

贺州市群众体育工作坚持以满足广大群众日益增长的体育健身需求为出发点，把增强国民体质为根本目标，积极贯彻《全民健身计划纲要》，群众体育蓬勃开展，成绩显著，全市参加体育锻炼的人数逐年增加。2003—2005 年市体育局群体工作连获"广西全民健身周活动优秀组织奖"；2003—2004 年获"全国全民健身周活动优秀组织奖"；2004 年市体育局被评为"广西残疾人体育先进单位"；八步区沙田镇获"全国亿万农民健身活动先进乡镇"荣誉称号。贺州市成功举办了几届运动会，摔跤、举重、拳击是贺州竞技体育的特色特长项目，在历届广西运动会中都有颇丰的金牌斩获。2005 年动工兴建的贺州市体育中心于 2007 年 7 月已经落成并已投入使用，结束了市本级没有大的体育场地的历史。各县（区）特别是富川县、昭平县都新建了体育场馆。据第五次全国体育场地普查资料显示（2005 年），有全民健身路径 11 个、健身路径中心 1 个，有各类体育场地 1430 个，其中标准体育场地 1085 年，非标准

昭平县举办全县运动会

体育场地 355 个。贺州市 2011 年村级公共服务中心 40 个篮球场建设的任务圆满完成，并组织各县区组建篮球队，广泛开展农村体育活动。同时配合自治区人民政

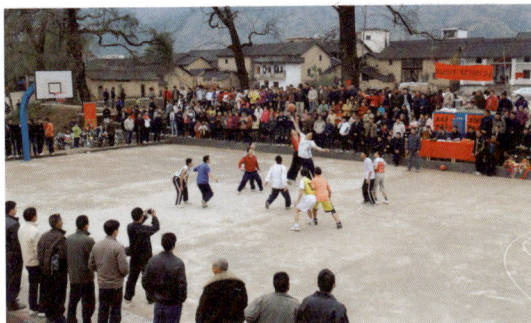

昭平县仙回瑶族乡伏龙村瑶胞在村体育场进行篮球比赛

府做好城乡风貌改造三期工程村级篮球场建设和 7 个村级农民体育健身工程篮球场建设以及国家级乡镇农民体育健身工程昭平县黄姚镇工程建设，使广大群众享受到更多更好的公共体育产品和服务。近年来，贺州市积极配合教育部门开展青少年阳光体育活动，推进体育传统学校管理提升工作，并积极协助各有关部门开展好社会化群众体育竞赛活动，每年组织启动社会性健步走、自行车、球赛等阳光健身体育活动。

（三）打造艺术精品

近年来，贺州市通过挖掘整合文化资源，用好文化资源，打造特色品牌、树立贺州城市新形象。

贺州市抓住地域特色，因地制宜深入挖掘客家、瑶族文化资源，创作和打造出一批以客家山歌剧《仙姑岭茶歌》、《跳农门》、瑶族蝴蝶歌《流水欢歌迎客来》、大型舞剧《瑶妃》为代表的优秀文艺舞台精品。

贺州客家艺术团先后赴泰国、马来西亚等国家和台湾地区参加各种客属恳亲联谊活动和文艺演出，进一步加强与各地客属文化的交流。特别是 2010 年 7 月，贺州市客家艺术团随贺州市党政代表团赴台开展文化交流，在台湾新竹县成功承办 2010 年桂台客属联谊会暨贺州市首届文化旅游节"客家风·民族情"联谊晚会，与当地艺术团同台演出，通过文化交流，拉近了桂台客家人的距离，受到了当地观众的广泛好评。"桂台（贺州）客家文化旅游合作示范区"的设立，促进了广西客家文化与

1 大型舞剧《瑶妃》演出场景　　2 客家山歌剧《连心店》演出场景
3 "我来露一手"大型群众电视文艺大赛场景

台湾客家文化的交流，增进了相互间了解，促进了两地间的经贸往来。

2008 至 2012 上半年，贺州市共组织创作、排练客家小戏、小品、客家舞蹈、瑶族音乐、舞蹈等舞台艺术作品 130 多个。举办了广西剧展、广西音乐舞蹈比赛、八桂群星奖三场大赛的贺州选拔赛，共选送了 30 多个节目分别参加三项大赛的决赛，共有 16 个节目获奖，其中：金奖 2 个，银奖 4 个，铜奖 3 个，二等奖 2 个，三等奖 4 个，优秀奖 1 个。客家小戏《仙姑岭茶歌》、瑶族蝴蝶歌《流水欢歌迎客来》参加由文化部举办的全国第十五届群星奖大赛，双双荣获全国群众文艺最高奖——"群星奖"。贺州市群众艺术馆副馆长黄毅环同志还获全国"群文之星"

称号。同时，贺州市积极选送节目参加全区农民工主题文艺汇演、全区小品比赛、"社区情、和谐颂"、"田园欢歌"文艺比赛、"八桂画童"美术大赛、庆祝中国共产党成立 90 周年"村歌献给党"作品征集、全区"魅力北部湾书画作品展"等展演或赛事，取得了 1 个一等奖、2 个二等奖、1 个三等奖和 2 金、22 银、17 铜的成绩。此外，瑶族蝴蝶歌《流水欢歌迎客来》在参加第十四届 CCTV 青年歌手电视大奖赛·广西赛区比赛并获得原生态唱法二等奖后，由广西电视台选送加入广西代表团队参加了第十四届 CCTV 青年歌手电视大奖赛获优秀奖；《瑶族长鼓舞》由广西彩调团与贺州市联袂进京演出。2012 年，贺州市倾力打造的大型歌舞剧《瑶妃》参加第八届广西戏曲展演荣获最高奖桂花金奖和剧作奖、表演奖、导演奖、音乐奖、舞美奖等多个单项奖项。剧本《盘王女》获第八届全国戏剧文化奖铜奖。2013 年，客家山歌剧《连心店》获第十届中国艺术节"群星奖"、广西第十六届"八桂群星奖"金奖、广西第八届剧展小戏类比赛"桂花金奖"。钟毓佑先生荣获广西文化厅颁发的第十六届八桂群星奖群文之星荣誉称号。在第十届中国艺术节上，小组唱《瑶族盘古歌》获"群星奖"比赛展演优秀奖，八步八音乐队获中国民族器乐民间乐种组合展演演奏奖。汤松波作词的歌曲《木棉花开》和何建强作词的歌曲《瑶歌一唱亲上亲》获广西第十二届"五个一工程"奖，填补了贺州市在该奖项的空白。汤松波作词、王丽达演唱的歌曲《长鼓长》在央视播出。2013 年由市创文办主办、电视台承办"我来露一手"大型群众电视文艺大赛历时半年多时间，在三县两区和市直六大赛区进行 38 场各级比赛，累计近 1000 个节目、超过 4000 名各界群众踊跃参加，现场观众超过 60000 人，参赛者年龄最大的 76 岁，最小仅 4 岁，成为市民一道文艺大餐。《我来露一手》获得由自治区党委宣传部、自治区工信委联合指导，由广西创意产业协会主办的第二届"广西十大创意"评选活动"最具创意百姓舞台"奖。由市创文办主办、广西烹饪餐

饮行业协会、电视台承办首届贺州特色美食评选活动。11 月 23 日至 24
日在灵峰广场举行，共有 1200 道贺州特色菜肴（粥）参评，是广西近
年规模最大、参赛菜品最多的一次地方美食展示活动，数以万计的观众
观摩、品尝了贺州美食展示评选活动。活动聘请广西餐饮烹饪行业协会
专家评出"十大金牌菜"、"十大金牌小吃"和"十大金牌粥"。

（四）丰富的群众文化活动

节庆文化活动
内容丰富，群众参与
面广。贺州市广场文
化、社区文化活动
品牌化的意识较浓，
每年的元旦、春节、
元宵节、三八节、
五一节、六一节、端
午节、"八一"建军
节、国庆节等节庆日
和庆祝广西成立 50
周年活动、创建文明
城市等专项活动期
间，贺州市各县（区）
文化广场均开展了
广场文艺演出、大型

八步区迎新春广场文艺表演

富川瑶族自治县白牛村秧歌队在节日里表演

游园活动、公益电影放映、文物展览、摄影展览、花卉奇石盆景展览、
书法美术作品展览等内容丰富的节庆文化活动。贺州市群众艺术馆辅导
的常青艺术团、贺江艺术团等五个群众艺术团，逢节日于贺州广场、灵
峰广场开展各种演出活动,极大地丰富了城区人民群众的节日文化生活,

营造出了浓厚的节日氛围与和谐的社会氛围。

乡村农村文化活动蓬勃发展。贺州全市 61 个乡镇（街道办）、100多个行政村于春节、元宵节、二月二、大庙山庙会、浮山歌节、九月九重阳节等传统节日都会开展内容丰富的节庆文化活动。活动内容包括民间舞狮、书法展览、猜谜、篮球比赛、文艺演出等，形式多样的活动内容让全市 61 个乡镇（街道办）的群众在尽情享受文化大餐的同时看到了建设社会主义新农村的希望。

文化"三下乡"工作深入开展。近年来，贺州市坚持将文化"三下乡"工作摆在突出的位置，做到经常化、制度化，活动贯穿全年。2008 年至 2013年，全市共组织送戏下乡378 场次，送书下乡 37 次，为农民送去各种图书 14000多册，科技资料 7300 多份，送电影下乡 116 场。通过深入扎实地开展文化下乡活动，丰富了农民文化生活。

富川县文化卫生科技下乡服务活动

贺州市 2014 年文化科技卫生"三下乡"活动场景

图书馆、文化馆（站）建设专业化。2008 年至 2013 年，贺州市级图书馆共接待读者 109 万多人次，2013 年以来市级及县区的图书馆、文化馆、文化站免费开放惠及群众近 500 万人次。市、县文化馆举办各种培训班 226 期，培训人数 61020 人次。创作书法、美术作品 1000 多件，在市级以上发表、展出、获奖的有 150 多件。广大文化馆专业人员还开

钟山县少年儿童在文化站里练习画画、舞蹈

展创作、培训和文艺辅导工作，经常深入学校、农村、业余剧团、基层单位进行辅导，使文化在基层生根、成长。

"和谐文化服务行——千团万场"活动深入开展。自 2011 年起开展"和谐文化服务行——千团万场"活动，共组织开展了 300 场次（其中市级组织 30 场，县区共组织 270 场），观众人数达 54 万人次。

（五）贺州文化遗产保护成果显著

贺州，有着得天独厚的地理区位以及便利的水陆交通网络，贺州先民很早就与中原各族群人民有着密切的交往，不同历史时期的中原文化、湘楚文化与百越文化在这里长期交融，形成了具有明显地域特征的贺州文化，留下了精彩纷呈的文化遗产。

1. 国有馆藏文物

经过长期的积累，贺州的国有馆藏文物在数量上和级别上都有了很大的提高。2003 年以来馆藏文物数量已较设市前翻了一番，目前全市各级文博机构馆藏文物达到 22350 件（组），有一级珍贵文物 3 件（分别为春秋铜牺尊、春秋蟠螭纹铜罍和东汉人形铜灯），二级珍贵文物 168 件，三级珍贵文物 2003 件，未定级文物 20176 件，文物类别主要有陶瓷砖瓦、玉石骨、金属、竹木、纺织、纸品、其它等七个大类，其年代主要集中在以下几个时期：石器时代，春秋战国时期，汉至南朝时期，宋代和明清时期。贺州市国有馆藏文物主要集中收藏在市、县两级国有文博管理单位。

目前，正在开展的贺州市第一次全国可移动文物普查工作，将有利于全面摸清贺州国有可移动文物家底。

2. 不可移动文物

从上世纪六十年代起，在县（市）人民政府的组织和领导下，贺州文物工作者对全市文物古迹开展了多次调查，积累了丰富的第一手文物资料，尤其是经过 2007 年—2011 年，为期五年的贺州市第三次全国文物普查，全面摸清了贺州现存不可移动文物家底，共登录了 781 处不可移动文物，包含古建筑、古遗址、古墓葬、石窟寺及石刻、近现代重要史迹及代表性建筑以及其他类六大类 35 个小类的不可移动文物。目前，全市有各级重点文物保护单位 128 处，其中全国重点文物保护单位三处，分别为：临贺故城（古建筑，2001 年第五批），马殷庙（古建筑，2006 年第六批），富川瑶族风雨桥群（古建筑，2013 年第七批）；自治区级文物保护单位 34 处：包括中共广西省工委黄姚旧址，英家起义地址，封阳石城，富川旧城等。

3. 非物质文化遗产

经过多年对全市民族民间传统文化的调查和整理，贺州市共登录了各类"非遗"项目 10 个大类共 5315 项，汇编成《贺州市非物质文化遗产

国家级非物质文化遗产——富川瑶族长鼓舞

调查成果》共十三册 120 余万字。目前，贺州市拥有国家级代表性非遗名录 4 项，分别为《瑶族盘王节》、《瑶族服饰》、《瑶族蝴蝶歌》、

《瑶族长鼓舞》，自治区级代表性非遗项目 24 项（包括《浮山歌节》、《信都龙舟节》、《壮族舞火猫》、《客家竹板歌》、《盘王大歌》、《黄姚豆豉加工技艺》、《瑶族门唻歌》、《瑶族羊角长鼓舞》以及《水口麒麟马》等），市级代表性非遗项目 50 项，县（区）级代表性非遗项目 248 项；拥有国家级非遗代表性传承人 1 人，自治区级 16 人，市级传承人 53 人。

4. 古镇古村

经过多年的发掘、整理、申报和建设，贺州的古城古镇古村已经成为全区乃至全国重要的文化品牌，这首先得益于贺州蕴藏着、保存着十分丰富的原生态村落城镇，其次得益于各级政府对保护古城古镇古村文化遗产的高度重视，贺州的古村、古镇、古城文化在全广西占有举足轻重的地位。

目前，贺州有中国传统村落 13 个（全国 1561 个，全广西 69 个），中国历史文化名镇 2 个（黄姚镇、贺街镇，全广西 7 个），中国历史文化名村 2 个（秀水村、福溪村，全广西 9 个），广西历史文化名镇 2 个（黄姚镇、贺街镇，全广西 11 个），广西历史文化名村 4 个（秀水村、福溪村、仁冲村、深坡村，全广西 28 个）。

（六）大力发展文化产业

立足于山水文化、历史文化、民族文化、田园文化资源和良好的交通区位优势，贺州市把建设"区域性民族特色文化中心城市"作为总目标，进一步培育和扶持文化产业和文化企业。截止 2011 年底统计，全市拥有各类文化经营单位 532 家，其中娱乐场所 233 家，音像制品经营单位 72 家，互联网上网服务营业场所 242 家，从业人员 2137 人，资产总计 13675 万元，实现营业收入 2992 万元，上交税金 435 万元。全市图书销售经营单位 27 家，报刊亭 33 个，电子出版物经营单位 6 家，印刷复制企业 109 家（其中印刷厂 34 家），全市印刷企业总产值 8.23 亿元，实现利税 1.98 亿元。印刷业总产值占全市 GDP 的比重已达 2.35%，超过全区印刷复制业总产值占广西 GDP 总量不到 1% 的比重，处于全区领先水平。

（七）建设健康规范的文化市场

如此繁荣的文化产业，加大文化市场综合执法力度，建设一个合理规范的文化市场，促进文化事业的合理、有序发展便显得非常重要了。2013 年，贺州市的文化市场综合执法工作始终按照打造一支"政治强、业务精、纪律严、作风正、形象好"的综合执法队伍的要求，坚持"一二三四"的工作思路（即：组织开展一系列的文化市场综合行政执法岗位大练兵、技能大比武活动，树立法律意识和安全意识两种意识，突出文化市场日常监管、安全隐患排查整改和计算机监管平台建设三项重点工作，完成"一年干成一件事"四项承诺），攻艰克难，团结奋进，各项工作有序推进，取得了较好的成绩。

一是加强日常监管，维护文化市场经营秩序。贺州市制定下发了《文化市场日常巡查制度》，要求执法人员将 70% 以上的工作时间用于日常巡查、办案，并将检查时间从八小时内向八小时外延伸，从五天工作日向节假日延伸，做到市场时时有检查，天天有人管。2013 年，全市共出动执法人员 14742 人次，检查各类文化市场经营单位 5371 家次，警告 116 家，办结案件 63 件，责令停业整顿 15 家，吊销文化经营许可证 1 家，罚款 150100 元。全市文化市场继续保持平安稳定，全年无安全生产事故发生。

二是创新模式，扎实开展文化市场综合行政执法"岗位大练兵、技能大比武"活动（以下简称"大练兵、大比武"活动）。根据文化部和自治区文管办的安排部署，贺州市围绕"学"、"比"、"练"三个环节，扎实开展"大练兵、大比武"活动，将集中培训和个人自学相结合、岗位练兵与日常监管相结合、选拔参赛能手与全面提升执法队伍综合素质相结合，着力抓落实，取得了显著的成绩：在自治区文管办举办的 2013 年文化市场综合行政执法技能大比武汇报暨选拔赛上，贺州市荣获优秀组织奖，贺州市代表队在全区 14 支参赛队伍中名列第四，荣获团体三等奖，并在"案卷制作与归档"单项比赛中名列第一。同时，贺州市创新培训、督查模式和开展"每周一考"活动的做法也得到了文化部的肯定，其中《广西贺州市创新培训模式，围绕"学、练、比、超"开展岗位大练兵活动》、《广西贺州市开展"每周一考"检验岗位大练兵活动学习成果》、《广西贺州市以"齐、适、全、细、实"开展大练兵活动专项督查》、《广西贺州市创新评查模式 围绕"自评、换评、细评、点评"开展文化市场执法案卷评查》和《广西贺州市成功举办"文化市场综合执法技能大比武选拔赛"》被刊载在中国文化市场网的"全国文化市场综合行政执法岗位大练兵与技能大比武"专题中，《广西贺州市开展"每周一考"检验岗位大练兵活动学习成果》被编入文化部简报第 201 期。

三是开展专项整治，净化文化市场环境。在文化市场监管工作中，贺州市将专项整治与日常监管相结合，保持文化市场打击违规经营行为高压态势。今年以来，在元旦春节、全国两会、中高考、健康暑期、十一黄金周等重点时期开展文化市场集中整治行动 5 次，开展农村文化市场、零点清查行动、文化市场专项整治行动、文化市场经营场所安全生产大排查活动、消防安全大排查大整治活动、网络淫秽色情信息专项治理"净网"行动、非法报刊专项治理"秋风"行动、查堵反制香港反动出版活动专项治理"清源"行动等专项整治行动 8 次，共出动文化市场综合执法人员 6305 人次，检查网吧 1154 家次，取缔无证照黑网吧 4 家，责令改正 33 家，警告 28 家，停业整顿 3 家，立案调查 29 家，罚款 45800 元；检查游艺娱乐场所 237 家次，责令改正 11 家，取缔无证照游艺娱乐场所 7 家，立案调查 4 家，罚款 10500 元；检查歌舞娱乐场所 459 家次，责令改正 16 家，警告 14 家，取缔无证照歌舞娱乐场所 12 家；

检查书报刊经营单位 159 家次、印刷经营单位 114 家次，责令改正 15 家次，警告 5 家，取缔无证游商地摊 11 个、没收非法出版物 6000 余册（份）；检查音像（电子）出版物经营单位 103 家次，警告 10 家，责令改正 7 家，移交案件 1 起，没收非法音像（电子）出版物 8500 余（张）。

（八）新闻出版稳步发展

出版物发行业稳定健康发展。截止到 2013 年底，贺州市共有出版物发行单位（书报刊）76 家，2013 年销售总额 7881.42 万元，同比增长 30%；全市各县新华书店都在 C 类三星级以上（其中四星级 1 个），贺州市店获 B 类四星级；民营书报刊店持续发展，2011 年新增一家全市最大的书城，2012 年重建了市区 33 个报刊亭，都极大地满足了消费者需求，丰富了广大群众的文化生活。

印刷业稳步发展。2013 年全市印刷企业生产总值首次突破 10 亿元，比去年增长 4%，并继续保持印刷企业生产总值在全区第四的位置；真龙彩印已成为广西目前规模最大、设备最先进、产值最高、利税最多的包装装潢印刷企业。

音像市场健康有序发展。以"压缩总量、调整结构、规范发展"为重点，大力整顿市场秩序，着力提高音像品经营的规模、档次，淘汰一批规模小、经营差，有严重违法行为的经营单位。

内部资料性出版物规范出版。通过认真审读，严格把关，凡发现有不当内容或违反有关管理规定的，不予核发准印证或要求出版单位改正后才准予出版，发现的其他问题也及时处理，确保出版物导向正确、内容健康、格式规范。

（九）积极促进版权保护

完成全市机关使用正版软件工作。2011 年以来，贺州市认真贯彻落实国务院和自治区人民政府开展政府机关使用正版软件工作的要求，稳步推进全市机关使用正版软件工作，在国务院和自治区人民政府办公厅规定的期限内基本完成政府机关使用正版软件工作任务。其中，2011年组织推进了全市政府机关使用正版软件工作，2013年组织推进了全市政府外其他机关，即党委、人大、政协、法院、检察院和人民团体等机关使用正版软件工作，在这两次工作中，贺州市共有347个机关开展并完成了使用正版软件工作，检查整改计算机1493台，采购更换使用正版软件4296套，累计投入财政经费269.7万元。

推进企业使用正版软件工作。贺州市从2007年开始至今，先后推进完成了5批企业使用正版软件工作，其中有桂东电力、灵峰药业、富泉供水、华安汽运、城投集团、贺投集团、交投公司、移动、电信、联通等公司，以及新华书店系列和勘察设计企业等。推进企业使用正版软件工作，贺州市坚持的原则是"以大型企业为重点，以国有、外商投资、民营大型企业在先，中小企业在后依次推进"的顺序，使全市企业使用正版软件工作扎实有效开展。

切实加强版权保护。近年来先后组织开展了查缴侵权盗版出版物专项行动、打击网络侵权盗版专项行动、治理非法预装软件专项治理行动、治理非法盗用"奥运标识"商业行为行动等专项治理行动，加大对盗版侵权行为的查处力度，使全社会版权保护意识逐步增强，全市出版物市场和文化市场得到进一步净化。

积极开展版权宣传。贺州市版权局积极组织好每年的"保护知识产权宣传周"活动，通过各种形式和渠道加大对知识产权保护的宣传力度，提高市民保护知识产权的自觉性。

四、生态文明建设

为深入推进生态文明建设，贺州围绕打造成为"全国循环经济示范区、广西新兴工业城市、桂粤湘区域性交通枢纽、华南生态旅游名城"的发展定位，在调整产业结构、转变增长方式、发展循环经济、充分利用可再生能源、提升生态环境质量进行了有益的探索和实践，尤其在水电业、循环经济、生态农业等方面，结合本地资源优势，大胆创新，取得了显著成效。

（一）水电业发展

贺州市雨量充沛，境内水系发达，河流纵横成网，有着丰富的水能资源。贺州市充分利用水能资源发展水电，建成全国第一个水电电气化城市。

贺州境内主要河流有桂江、贺江、临江、思勤江和富群河等，集雨面积 50 平方公里以上的河流有 56 条，全市水能蕴藏量 85 万千瓦，可开发量 81.5 万千瓦。为了充分利用水能资源，加快水电发展，实现农村电气化，贺州市专门成立了贺州市水电农村电气化建设领导小组，根据境内水能资源分布特点和经济社会可持续发展对流域综合开发的需要，坚持流域梯级开发为主，挖潜改造并举的原则，按照"全面规划、择优开发，分步实施，协调发展"的指导思想，坚持突出重点，全面平衡经济、社会和生态效益，以开发桂江流域梯级、贺江流域梯级、八步区临江河流域梯级为主，全面开发贺州市水能资源。

与此同时，贺州市委、市政府出台了《关于加快水电产业发展创建农村电气化市的决定》，制定了一系列有关水电资源开发建设的鼓励政策，开放水电开发市场，实行"谁建、谁有、谁管、谁受益、谁承担风险"的办电政策，充分发挥社会力量办电积极性，多元化、多渠道筹资办电。并按照"适当补偿成本、合理平衡收益，依法计征税收"的原则规范电力市场，制定上网电价。政策引导、市场运作的新机制实施，拓宽了融投资渠道，广泛吸纳了社会资金，引导各类投资主体，以独资、合资和股份合作等多种方式开发农村水电。贺州已经成为名副其实的水电大市，并且涌现出了桂东电力等一批骨干企业，建成一批较大型的骨干水电水利设施。

1. 桂东电力

广西桂东电力股份有限公司由贺州市电业公司作为主要发起人，以合面狮水电厂和供电公司等经营性电源和电网资产投入，1998 年 12 月 4 日成立。2001 年 1 月 12 日，桂东电力 4500 万 A 股股票获得中国证监会批准上网发行并于当年 2 月 28 日在上海证券交易所正式挂牌上市交易。2006 年 8 月份桂东电力完成股权分置改革，目前贺州市电业公司持有桂东电力 61.265% 股权。

桂东电力公司位于广西东部，该区域地处湘粤桂三省区结合部，地理位置优越，商品经济活跃，具有背靠大西南，面向粤港澳的地理位置优势，是湖南、桂北、桂中乃至大西南东进粤港澳最便捷的通道之一，是接纳海外及广东沿海经济辐射和产业转移的前沿地带，而且境内山川纵横，雨量充沛，水力资源十分丰富，开发清洁环保能源独具优势，水电已成为当地一大经济支柱。桂东电力成立时承接了母公司贺州市电业公司大部分的电源和全部经营性电网资产，是全国水利系统地电行业中厂网合一、网架覆盖面最宽最完整、唯一以 110KV 输电线路环网运行的地方电力企业，电网内发供电相互配套，形成了完整统一的发供电一体化体系。

桂东电力 220kv 桂水变电站

近年来，桂东电力紧紧抓住上市和国家实施西部大开发的有利时机，大力发展电源和电网建设，在与广西自治区电网连网的同时，架设了110KV、35KV 输电线路分别向广东郁南县和罗定市送电，并架设了110KV 输电线路分别与湖南江华、江永、永州等县市电网连接，互为交换电量，形成了三省区域电网连网格局。

2. 桂能电力

广西桂能电力有限责任公司位于贺州市八步区，注册资本 4733 万元，主要经营投资开发建设和经营管理水电站、火电厂、输变电工程，开办与本公司主管有关的项目；兴办高新科技项目、宾馆、饮食、娱乐业，电力、金融方面的经济技术咨询，批发零售百货、通用机械、电子电工产品。

3. 贺州供电局

贺州供电局全称为广西电网公司贺州供电局，是中国南方电网公司旗下为贺州经济社会发展服务的供电企业。2008 月 1 月 16 日，贺州供电局正式挂牌成立，设置有办公室、生产技术部、规划建设部等 10 个部室和调度管理所、客户服务中心等 4 个管理所（中心）。

贺州供电局全面负责广西电网在贺州行政区域内输变电设备的调度、运行、维护、检修以及电力市场开拓、供电服务等工作。目前辖

中国南方电网变电站

有 220kV 变电站 4 座，110kV 变电站 1 座，变电总容量共 1240MVA，220kV 线路 550.237km。目前有 2 家趸售用户，1 家网间交易用户，5 家直供客户。2008、2009 年，贺州供电局分别完成售电量 10.644 亿千瓦时和 14.33 亿千瓦时，年最高负荷分别为 431MW，479MW，占贺州网区总负荷的 79.81%，82.58%。

贺州供电局坚持物质文明、政治文明、精神文明全面协调发展，成立以来先后荣获"广西五一劳动奖状"、"贺州市文明单位"、"广西电网公司文明单位"等称号。

4. 合面狮水电站

合面狮水电站位于贺江中游的贺州市信都镇水口村，属珠江流域西江水系。合面狮水电站于 1970 年开始动工兴建，从 1974 年第一台机开始发电，到 1979 年工程正式竣工，历时共 9 年。合面狮水电站工程总投资约 4646.80 万元。大坝为混凝土宽缝重力坝，坝顶全长 198 米，高 92.5 米，总库容 2.96 亿立方米，是一座以发电为主，结合灌溉、航运等综合利用的水利枢纽。

贺江合面狮水电站

1989 年至 1996 年，合面狮水电站投入资金对整个枢纽进行更新改选，对 4 台机组进行挖潜增容，装机从 4 台单机容量 1.7 万 Kw 增加到 4 台单机容量 2 万 Kw，合面狮电站总装机 8 万 Kw。

合面狮水电站的建成，为贺州地区工农业生产、生活提供了电源，形成了以合面狮发电厂为主要电源的贺州地区电网，为贺州实现全国第一个农村初级电气化地区奠定了基础。它是农村地区积极发展小水电，建设农村电气化进程中依靠自己的力量，自行设计、自行施工以及部分机组自己租场的地方性办电楷模。

5. 昭平水电站

昭平水电站位于西江支流桂江中游昭平县境内松林峡口下游 700 米处，下游距昭平县城 4.5 公里，系桂江梯级开发规划的第二级水电站，属广西"八五"重点工程建设项目。昭平水电站是一座以发电为主兼有航运、灌溉等综合效益的低水头河床式中型水电站，电站装机为 3×21MW，总装机容量 6.3 万千瓦，保证出力 9.23MW，设计年利用时数 4833 小时，年均发电量 3.05 亿千瓦时。

昭平水电站主要建筑物由溢流坝、发电厂房、船闸及开关站等组成，按三级建筑物设计。1990 年 9 月 1 日，主体工程开工。1992 年 8 月 31 日，实现大江截流。1994 年 2 月 6 日实现导流底孔下闸，同年 4 月 8 日和 8

昭平水电站

月 18 日，1、2 号发电机组投产。至 1994 年底，土建工程按合同要求全部完工。昭平水电站发电厂工程设计获 1999 年广西水利系统优秀工程设计二等奖，2000 年 1 月广西水利电力工程质量监督中心站检验评定，工程施工质量总体等级优良。

6. 下福水电站

下福水利枢纽是平乐县以下桂江河段综合开发利用 6 个梯级中的第 3 级，上接已建成的昭平水电站（装机 3×21MW），下接金牛坪水电站（装机 3×20MW）。枢纽工程位于昭平县富裕乡下游 3 公里处的下福村，距上游的昭平县城 14 公里，坝址以上集雨面积 15200 平方公里，占桂江流域面积 78.81%。正常蓄水位 54.0 米，死水位 53.0 米，水库总库容 0.99 亿立方米，为日调节水利枢纽，是一座以发电为主，同时具有航运、灌溉、水产养殖和旅游等综合利用效益的水利工程。该工程对改善下福至昭平之间 18 公里的航运、灌溉农田 167 公顷及库区渔业的发展提供有利条件。

下福水电站于 2003 年 8 月 20 日正式开工，2005 年 12 月 18 日第一台机组发电。第二、第三台机组分别于 2006 年 4 月、2006 年 6 月成功并网发电。

枢纽电站安装三台灯泡贯流式机组，单机容量 16.5MW，总装机容量 49.5MW，保证出力 7.8MW，多年年平均发电量为 2.0494 亿千瓦时；枢纽坝轴线总长 413.0 米，最大坝高 29.8 米从左到右依次布置左岸接头坝、船闸、溢流坝、河床式发电厂房和右岸接头坝，开关站布置在右岸接头坝下游侧。船闸设计过坝船只吨位 120 吨，年货运量 100 万吨。本工程分两期施工，一期工程主要施工发电厂房、溢流坝（9#–12# 孔坝）、船闸及左右岸接头坝；二期工程主要施工溢流坝（1#–8# 孔坝）。

7. 花山水库

花山水库位于钟山县城西北 33 公里，花山瑶族乡境内，拦截思勤江支流大花江而成，集雨面积 76 平方公里，总库容 4450 万立方米，

花山水库

1984年建成，形成宽阔的水面和岛屿景观，配合放水闸塔楼、大渡槽、大坝等气势宏伟，山水一色，亭影绰约，别具风格。水库四周为花山林区环绕，源头三叉村更有原始森林，冬暖夏凉，气候宜人，风景如画，梦似仙境。冬季有候鸟来栖息，水面浮满珍稀白鹤等鸟类，更添佳境。花山水库与周围的龙口温泉，莲花古戏台、二帝庙、牛庙蛇场等景点组成花山景区，从1990年起开始外接待并形成享誉粤、港、澳的品牌——花山寻梦之旅。

8. 龟石水库

龟石水库位于钟山县和富川瑶族自治县之间，是以灌溉、发电为主，兼有防洪、养殖等功能的大（二）型水库。坝址位于钟山县，而库区则主要位于富川瑶族自治县。龟石水库汇集了贺江源头无数条小溪的水，水色澄碧，形成了一个很大的内陆湖，故称碧溪湖。

龟石水库湿地动物资源丰富，共有鱼类37种，同时龟石水库湿地也是候鸟迁徙路线的重要栖息点。目前正在积极申报建立国家湿地公园，以利于促进龟石水库湿地生态环境功能的恢复,缓解局部生态环境压力。

9. 神仙湖水库

神仙湖水库位于富川瑶族自治县福利镇,依托水库建设的生态休闲园占地面积 1600 多亩,分"水上康体健身娱乐区、民俗文化演示区、摘果尝鲜生态区、田园风光游览区"4 大功能区,设"脐橙园、丰水梨园、香樟园、湖上游园、水中石林园、民俗文化园、草莓园、蔬菜实验园"8 大园。

生态休闲园园区内有湖、有河、有桥、有石、有瀑,有樟园、有梨园、有橙园、有菜园。有新村、有旧貌。风光旖旎,湖光山色,如诗如画。夏天有梨果弯枝,仙湖碧波,涟涟游荡;秋天有橙果累累,香馨流溢,喜人致兴;冬天有反季节蔬菜披绿叠翠,尽显春意……可泛舟可垂钓,古今文化相得益彰、熠熠生辉。是集旅游休闲观光、农家生活体验、生态环保于一体的旅游休闲的好去处。

神仙湖美景

(二)循环经济

发展循环经济是贺州增强发展后劲、提升发展质量的一项富有远见的战略举措。近年来,贺州以确保实现贺州市循环经济发展"十二五"

规划为目标，以转变经济发展方式为主线，以科技创新为动力，着力推进循环经济发展，呈现出了喜人的局面。

在发展循环经济过程中，贺州将突破口选准在"循环"潜能最大的电力、水泥等产业。重点是依托贺州华润循环经济产业示范区辐射带动其它工业园区，适度扩展，形成总规模为50平方公里，覆盖华润核心产业、旺高工业再生资源加工和电子科技产业等多个专业园区。截至目前，以华润电力、水泥、啤酒三大产业为主导的华润循环产业核心区已初具雏形。

贺州还通过充分利用华润集团进入贺州的机遇，调整产业结构和产业空间布局，积极引进新兴产业项目，推动重点行业发展，着重打造自治区级华润循环经济产业示范园区，完善电子科技生态产业园、广西碳酸钙千亿元产业示范基地（西湾工业园区）、旺高工业园区（稀土产业园中园）、信都工业园基础设施建设，打造电力－建材、电力－新材料、啤酒－生化－食品、林产业资源化利用产业集群，构建循环型工业体系。

贺州华润循环经济产业示范区效果图

1. 华润循环经济产业示范区

华润循环经济产业示范区位于贺州富川瑶族自治县境内，示范区规划总面积 12 平方公里。重点培育以华润电厂、华润水泥和华润雪花啤酒为核心的循环产业链，推动企业循环、园区循环，加快构建循环经济产业体系。目前，年产 200 万吨的华润水泥（富川）项目已于 2010 年 5 月建成投产，总投资 78 亿元的华润电力（贺州）项目一期 2×1000MW 超临界燃煤发电机组已于 2010 年 8 月正式开工建设，总投资 3 亿元年产 20 万吨啤酒的华润雪花啤酒（广西）项目于 2011 年 2 月启动建设，总投资 1.9 亿元的华润基础设施和服务设施项目列入自治区 2011 年统筹推进重大项目。

目前，示范区二期工程正在加快推进，整个二期工程 9 个项目涉及电力、食品、建材、物流等行业，协议总投资突破 80 亿元。随着高效

1 华润（富川）火电厂主厂区　　2 华润（富川）水泥厂　　3 华润（富川）雪花啤酒厂

保温烧结砖及轻质板材、饲料加工等项目进驻，示范区循环经济产业链条得到进一步延伸，水、气（余热）、渣资源综合利用所产生的效益进一步凸显——电厂产生的炉渣、粉煤灰不仅可以作为水泥生产的原料及混合材，还可以加工成保温烧结砖；电厂生产产生的余热、蒸汽为啤酒厂生产提供热能；电厂脱硫使用的石灰石粉由水泥厂提供；啤酒厂产生的废硅藻土，沉降后掺入电厂、水泥厂的燃煤中燃烧，啤酒厂产生的废水经处理后供给电厂用于冷却水；同时，啤酒厂产生的酒糟、废酵母等，可用于饲料生产。

华润循环经济产业示范区以"减量化、再利用、资源化"为原则，主打循环经济牌，经过近几年的发展，初步形成电力－建材－啤酒三大主导产业之间循环的经济格局，实现了资源高效利用、能源高效转化的目标，成为广西最具循环经济特色的园区。建园至今，示范区累计实现工业总产值74亿多元，实现税收4亿多元。据统计，2013年1月至12月，示范区工业总产值为54.6亿元，完成年度计划的182%，同期增长226.56%，2013年园区总产值将冲破50亿元大关，为打造成为百亿产业园迈出新的步伐。

2. 旺高工业园区

贺州旺高工业园区创建于2000年12月28日，2002年5月经自治区人民政府批准升格为自治区（省）级工业开发区。旺高工业园区是贺州市对外发展的重要窗口，招商引资的重要平台。

在旺高工业园区规划实施的初始阶段，当时的行署给予高度重视，本着"先规划、后建设"，"开发一片、建成一片、搞好一片"的方针和原则，按照生产、生活、生态协调的发展要求，完成了工业区的总体规划和环境评估报告。2002年，旺高工业区第一个项目入区——香港永亨制衣有限公司服装加工项目开工建设。之后，贺州亿利达制衣有限公司服装加工项目、贺州嘉宝食品有限公司农副产品加工项目陆续入区。

贺州旺高工业区全景

至 2003 年，入区项目投资突破 3500 万元。由此，贺州旺高工业区进入起步发展阶段。

旺高工业区加速发展时期，市委、市人民政府高度重视工业园区的建设和发展。2006 年提出了"五业并举，工业优先，夯实基础，做大总量"的总体思路；2008 年提出了"五业并举"，全面实施"工业强市"的战略；2009 年出台了《关于做大做强做优我市工业的决定》；2010 年，提出"工业立贺，富民强市"战略和"大力发展循环经济，推动贺州经济科学发展跨越式发展"的决定。旺高工业园区按照市委、市政府的有关要求，深入贯彻落实科学发展观，以提升服务、开展招商、加快建设为重点，全力推进园区事业发展和项目建设。

园区规划：首期已完成开发 3.85 平方公里的建设，近期规划面积 6.5 平方公里，中长期规划面积 25.6 平方公里。按"园中园"模式，目前已基本完成食品药品产业园、稀土产业园的规划建设。同时，正在抓紧规划建设钨钛锡新材料产业园、人造岗石产业园、物流商贸城。

环境建设：园区首期规划面积已实现"六通一平"（通水、通电、通路、通排污、通互联网、通讯、土地平整），平整园区土地，路网结构完善，

共铺设水泥道路 33.7 公里；园区亮化、绿化工程已具规模，亮化道路 11.2 公里、绿化面积 15 万平方米，约 6000 亩；建成了 11 万伏和 22 万伏变电站以及日供水量 2 万吨的自来水厂和日处理 2 万立方的污水处理厂，为进驻厂商提供良好的投资环境，促进园区稳定和谐发展。

产业定位：主动承接粤港澳台和江浙闽等经济发达地区的产业转移，重点发展稀土材料加工、钨钛锡新材料深加工、制药、食品加工、人造岗石、包装材料及饲料制造等产业。目前，园区共引进项目 65 个，总投资额近 81.51 亿元，其中已投产项目 33 个，总投资 19.71 亿元；在建项目 9 个，总投资 17.4 亿元。项目涉及服装、制药、食品加工、塑料包装、稀土开采加工、人造岗石等行业。近年来园区经济发展不断提速，2013 年园区实现工业总产值 44.01 亿元，工业增加值 13.2 亿元，创税 1.7 亿元。

区位交通：园区位于贺州市中部，距市区 18 公里，距钟山县 11 公里。园区地处桂粤湘三省（区）结合部，区位优势突出，至广州 270 公里，香港 350 公里、梧州 153 公里、桂林 180 公里。207 国道、323 国道横纵贯穿园区，桂梧高速、永贺高速、广贺高速在园区交汇，洛湛铁路、贵广高速铁路贯穿园区。

发展目标：到 2014 年，工业总产值达 58 亿；到 2015 年，园区企业个数达到 100 家，工业总产值突破 100 亿元，争取将旺高工业园区初步建成宜工、宜商和宜居的工业新城。

3. 信都工业区简介

信都工业区前身为 1996 年国家农业部评定的全国乡镇企业东西合作示范区，2007 年被评为自治区 A 类产业园区。工业区是加快八步区新型工业化的关键推手，是八步区培育经济强区的重要支撑，是贺州市重点打造的五大园区之一，是两广合作信都经济区的重要组成部分。

经过长期发展，园区基础设施逐步完善，现有 110 千伏变电站 2 座和 220 千伏变电站 3 座，日供水能 2 万吨自来水厂 1 座、5000 吨自业水厂 1 座，日处理能力 1 万吨污水处理厂正在建设中。正在规划新增 220 千伏变电站 1 座、库容 60 万吨垃圾填埋场 1 座和日供水能力 1 万吨的自来水厂 1 座。

信都－两广合作区模型意向图

工业区扩园修编后，园区规划面积达到 33 平方公里，形成"一核四区一走廊"的空间架构。"一核"即信都核心区，包括八桂产业区和祉洞产业区，规划面积 16.2 平方公里，其中八桂产业区 7.7 平方公里，祉洞产业区 8.5 平方公里；"四区"包括仁义产业区、铺门产业区、灵峰产业区和扶隆产业区，规划面积 16.8 平方公里，其中仁义产业区 5.8 平方公里，铺门产业区 4.4 平方公里，灵峰产业区 4.8 平方公里，扶隆产业区 1.8 平方公里。"一走廊"即以洛湛铁路信都货运站至广贺高速一级路为依托，这条一级路不仅是一条交通运输的工业大道。还是产业集聚工业长廊，将仁义产业区、八桂产业区、祉洞产业区连接起来，贯穿贺江通过广贺高速延伸至灵峰产业区。"十二五"期间，重点发展信都核心区和灵峰产业区。

园区产业结构不断优化，目前园区建成面积达到 7 平方公里，形成了金属制品、木材深加工等优势产业，正在培育发展建材、精密机械、小五金、家具、物流、食品加工等产业。园区经济规模不断扩大，入驻企业园区有 70 多家，其中规模以上企业 11 家，2012 年底实现工业总产值 105.4 亿元。计划到 2015 年，实现园区工业总产值 225 亿元，年均增长 22%。

4. 贺州电子科技生态产业园

贺州市电子科技生态产业园位于贺州市城区西部，东临贺江，北接平桂管理区规划建设的公务员生活区，西至市快环西路以西的高界岭和陈屋顶，南接八黄二级

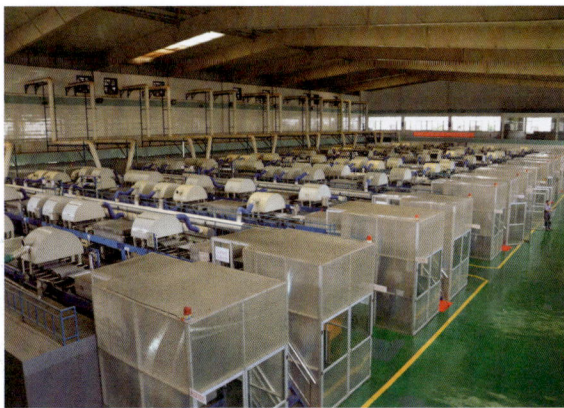

桂东电子生产车间

公路及延长线，总规划面积 11.23 平方公里，远景往南拓展至广贺高速公路，面积约 25.30 平方公里（拓展面积约 14.07 平方公里）。

产业园以铝电子产业为核心，以桂东电子中、高压电子铝箔为基础，重点发展铝产业链的精铝和铝光箔项目，提高铝电解电容器生产能力，扩大产业规模，引进开发其它电子产品。利用贺州火电厂充足电力和国家铝电直供政策，培育特色铝产业链循环经济发展模式，走铝电结合发展之路。同时大力发展新材料、新能源与新型的高科技产业，最终形成集生产、科研、商务、办公、人居为一体的综合型电子科技生态产业园。已入驻的日轻桂银高纯铝、桂海铝光箔、桂东电子第四、第五期技改升级项目及尼吉光电子项目等建成生产后年总产值可达 100 亿元，税收可超 8 亿元以上。届时，贺州将成为广西乃至全国铝电子产业重要基地。

5. 广西碳酸钙千亿元产业示范基地（西湾工业园区）

广西碳酸钙千亿元产业示范基地位于贺州市平桂管理区辖区范围内，示范基地依托周边丰富的大理石资源优势（远景储量达 26 亿立方米），重点建设以大理石为原料的碳酸钙新材料产业，生产大理石板材及工艺品、重钙粉体产品及人造大理石、环保涂料、碳酸钙母粒、编织袋等碳酸钙粉体下游产品，形成"大理石原料—大理石板材和工艺品—大理石边角废料回收—重质碳酸钙超细粉—合成人造大理石—新材料（涂料、纸业、节能环保砖）"循环产业链，大力发展特色经济、循环

广西碳酸钙千亿元产业示范基地一角（西湾工业园区）

经济，倾力打造全国最大人造大理石生产基地和石材粉体产业循环经济发展示范基地，"十二五"期末实现工业总产值 100 亿元以上，"十三五"期末实现工业总产值 600 亿元以上。

（三）生态农业

近年来，贺州市坚定不移走现代农业之路，围绕建设粤港澳绿色农产品生产基地这个目标，狠抓农业产业结构调整，加快培育生态绿色品牌，建设特色、高效、生态、品牌农业，如今全市的生态农业呈现出蓬勃发展的态势。2012 年，全市种植业总产值达到了 740 多亿元，农民人均纯收入达到了 5823 元，两项指标分别同比增加 5.81% 和 17.3%。

除了抓好生态农业的基础环节——建立优质农产品生产基地，贺州市还在生态品牌上下足功夫，提高农业品的附加值。近年来，该市依托嘉宝食品、富兴果蔬等一批龙头企业，发展特色种植，该市的农产品不仅畅销粤港澳，在欧美市场也有一定的份量。贺州市嘉宝食品有限公司依托贺州丰富的农业资源，进驻贺州以来规模不断发展壮大，现在除了生产马蹄罐头等一系列产品，还生产速冻果蔬及速冻调理食品等系列产品，深受广大欧美市场消费者的欢迎，仅是生产马蹄罐头就达到百吨以上，产品供不应求，同时也带动了很多农户发展农业种植。

据介绍，在发展生态农业、循环农业方面，贺州市以出口农产品质量安全示范区建设、农村沼气池建设、农村电气化建设和森林城市建设为突破口，在增加生态环境、延长产业链、打造绿色品牌上下功夫，不断调整优化生产力布局，加快构建科技含量高、综合效益好的农业循环经济产业体系，形成了"猪－沼－果"、"猪－沼－菜"、"林下养殖"、"发酵床养殖"等农业循环经济发展模式，形成了"以林蓄水、以水发电、以电生财、以财补林"的林电循环经济产业链，在全区率先建成了出口农产品质量安全示范区，实现了农村家居清洁化、庭院经济高效化、农业生产无害化、产品营销品牌化，走出了一条具有贺州特色的科学发展跨越发展之路，取得了明显的成效，打造了"中国脐橙之乡"、"中国李子之乡"、"中国名茶之乡"等扬名全国的循环型生态农业贺州"名片"。

此外，贺州市充分发挥特色农业资源优势，围绕建设粤港澳绿色农产品生产基地这个目标，致力抓农业产业结构调整，加快培育生态绿色品牌，以建设特色、高效、生态、品牌农业为重点，大力实施"234 工程"，即做强"林业、畜禽水产业"2 个百亿元产业，壮大"水电、水果、蔬菜产业"等 3 个三十亿元产业，培育"粮食、茶叶、马蹄、农业生态旅游产业"等 4 个十亿元产业，着力培育生态绿色农业品牌，在全区率先建成出口食品农产品质量安全示范区，努力构建形成科技含量足、信息化水平高的农业循环经济产业体系，改变了该市农产品生产长期处于依靠传统种养方式和粗放型管理，效益不尽如人意的状况。如今，富川和钟山烤烟、昭平茶叶、富川脐橙、八步三华李、平桂马蹄等特色农业产业带已初具规模，成为了当地农民致富的主要途径。

1 富川县"猪－沼－果"循环农业发展模式　　2 林下养鸡　　3 马蹄加工

五、创建森林城市

从 2009 年以来，贺州市按照"森林之城"的发展定位和国家"创森"标准，在创建国家森林城市工作中取得了一系列骄人的成果。2013 年，贺州市森林覆盖率达 72.73%，绿化程度达 92%，森林覆盖率和绿化程度均大大高于全国及广西的平均水平。城区绿化覆盖率达到 42.8%，绿地率达到 38.43%，各项指标均达到甚至超过国家森林城市的指标要求，通过国家有关部门验收，荣获"国家森林城市"称号。

（一）量体裁衣　科学定位

为充分展示丰富的森林资源，贺州市始终坚持规划先行，量体裁衣，把制定规划作为"创森"工作至关重要的环节。为推进"创森"，贺州市编制了《广西壮族自治区贺州市森林城市总体规划》、《贺州市创建国家森林城市工作实施意见》，提出了"一个中心，两条江河，三个园区，四个基地，六条通道，六个景区，七座石山，八个接点，十镇百村百里绿色生态文明走廊"的九大规划目标，即加快以贺州城区（含八步区、平桂管理区）为中心，包括各县区、江河、道路、工业园区，山峦及广大农村的绿化、美化、亮化，建造森林景观，提高城市品位。

（二）丰富载体　创新形式

为加强城区绿化、改善人居环境，贺州市不断创新活动载体，推动"创森"工作的开展。近年来，贺州市全面开展"绿化贺州"大种树活动，以各县（区、管理区）和市直单位参与

机关大院绿化

共建的形式，在中心城区和城区周边划定区域，落实绿化责任区，共同

贺州城区绿树掩映

参与绿化美化贺州。开展创建"绿色生态园林单位（小区）"活动，要求每个单位（小区）将现有的闲置地、预留地、边角地、围墙边等空地进行绿化，并对绿化布局重新改造，增种大树、珍贵乡土树种，进一步提升绿化档次。

贺州市还开展形式多样的植树活动。坚持春节后上班第一天、"三八"妇女节、义务植树节、"五四"青年节等时间点开展声势浩大的植树活动，并确定了"植树突击月"、"植树突击季"，不同时间节点有不同的活动载体，实现植树造林活动常态化。2013 年，全市参加义务植树人数达 138.25 万人次，完成义务植树 780.3 万株。

（三）全民参与　共建共享

全市吹响"创森"集结号，市民对创建森林城市支持率达 93.3%，启动了全民参与的火热模式。贺州市发出"致市民的一封信"，向社会各界发出"参与森林城市建设倡议书"，充分调动社会各界参与"创森"的积极性，普及森林生态与森林城市创建的相关知识。发挥工会、共青团、妇联、学校等单位联系群众广泛的优势，深入开展"大种树、优生态"、"百万农户种千万棵树"、"千校植万树"、"百企种万树"、"义务植树季"等活动，构建"青年林"、"劳模林"、"党员林"等社会各界广泛参与、共建共享的绿化模式。

贺州市还采取共建、捐建、认建、有偿冠名等方式，各县（区）均认种一条通道，对县区认种的树木以县区名字命名，对所认捐认种的树木上挂牌标注个人姓名或集体名称，极大地调动了全社会参与城市绿化的积极性。目前，全市认捐认种捐款 596.08 万元。

（四）发展产业　助推"创森"

在大力抓好造林绿化、培育森林资源的同时，贺州市积极推进林业资源转化，做大做强林业产业，提升林业综合效益。2013 年全市实现林业总产值 136.5 亿元，实现了"百亿林业支柱产业"的目标。

大力培育产业基地和园区建设，重点抓好产业园区建设，加强集约化经营管理，促进森林产业基地提质增量。目前八桂木材集散中心已成为广西建设面积最大、产品最全、规模最大的林产品加工园区。

提升生态休闲功能，加速森林旅游发展。以自然保护区、森林公园和生态公益林管护区丰富的景观资源为依托，以姑婆山和大桂山两个国家森林公园为龙头，大力发展森林生态旅游，丰富国家森林城市创建内涵。

贺州市的"创森"工作集结全市之力，多举措、重实效，走出了一条科学、新颖、全面和充满活力的路子，实现了"有路皆绿、有水皆绿、有城皆绿、有村皆绿、有山皆绿"的森林生态网络和绿化格局，助推贺州市向着国家"森林之城"大步迈进。

六、建设华南生态旅游名城

近年来，贺州市在自治区党委、政府的正确领导下，在各级各部门的大力支持和帮助下，紧紧围绕打造"华南生态旅游名城"这个主题，依托区位优势和资源优势，积极实施政府主导型旅游产业发展思路，以项目建设为抓手，通过不断完善基础设施建设、加大资源保护和开发利用、创新宣传促销模式、提升管理服务水平等措施，实现了旅游业的加速发展。2013 年，全市接待游客 1030 万人次，比上年增长 26.8%，旅游总收入 101.6 亿元，增长 39.3%。

（一）明确目标，有序推进生态旅游项目建设

一是以"桂贺一体化"为契机，紧紧围绕"生态、低碳、健康、养生，大力发展生态休闲养生旅游业"的思路，全面优化和调整全市旅游产业结构；二是以"独特的人文景观和生态山水"为基础，按照市委市政府提出的"打造生态健康产业集群"的旅游发展新思路，努力打造"森林生态观光和休闲度假旅游品牌"、"历史文化古镇旅游品牌"、"温泉康体疗养旅游品牌"三大品牌，形成"健康旅游、健康休闲、健康养生、健康晚年"融为一体的贺州旅游新业态，实现旅游产品从观光型向休闲度假型和深度体验型的转型升级，进而提升贺州旅游的吸引力和市场份额；三是以"生态健康集群产业"为发展，组织实施八步区翡翠群岛湖水利风景区总体规划、贺州市恒温湖旅游度假区总体规划、昭平县旅游总体规划、平桂管理区旅游总体规划、富川环碧溪湖环湖自行车绿道项目规划、步头桫椤谷旅游度假区规划等项目。成立工作领导小组，正式启动黄姚古镇和姑婆山国家森林公园创建国家 5A 级景区工作，从而坚定按市委重点打造"生态健康集群产业"的旅游发展战略思路。

（二）宣传品牌，加强推进旅游区域合作建设

一是借助中央媒体的播出平台，协调中央电视台的《美丽中国乡村行》、《客家足迹行》等栏目走进贺州，将贺州优美的自然风光和别具特色的风土人情向全国的电视观众进行了展示，取得很好的宣传效果，并在北京召开的"第十届中国区域经济可持续发展高峰论坛"上，贺州市荣获"中国最佳生态旅游示范城市"称号，贺州市旅游局荣获"中国

贺州市组团到台湾宣传贺州旅游

贺州市到区内外举办旅游推介活动

旅游服务创新示范单位"；二是精心组织企业参加由海外华文合作组织及香港文汇报联合主办的"2012海外华人最喜爱华南旅游景点"评选活动，姑婆山国家森林公园获得"海外华人最喜爱华南自然风光旅游景点"、黄姚古镇获得"海外华人最喜爱华南历史文化旅游景点"荣誉；三是贺州凭借优美的山水森林生态、独特的喀斯特地貌、丰富的地热温泉资源和厚重的历史人文景观为代表的四大特色资源优势，从全国200多个申报市县区脱颖而出，在香港举行的2013首届中国旅游品牌国际交流推介会暨大美中华·旅游文化紫荆花奖发布会上荣获"大美中华·最具投资价值特色生态旅游城市奖"；四是根据华南五市（广州、肇庆、清远、桂林、贺州）签署的《打造华南五市山水休闲旅游黄金专线备忘录》，积极与四市沟通协调，共同商讨统一宣传推介等问题，设计《华南五市统一宣传资料》，加快推进"华南五市"旅游合作一体化进程，通过香港、澳门、俄罗斯、深圳、湖南等旅行社踩线团的考察，进一步宣传"华南五市旅游线路"的知名度，力争早日实现五市旅游市场营销、旅游产业要素、旅游交通协作等的一体化发展。

（三）规范管理，有效提高旅游人才队伍建设

一是加强行业教育和培训，输送旅游行政人员以及经理级人员外出培训，并与部门联合开展对贺州市旅游从业人员进行各类培训。通过培训，加强旅游从业人员的道德素养与服务技能；二是通过举办竞赛的形式来表彰旅游行业优秀人才和加强旅游人才队伍建设。2012年，市旅

游局成功举办了全市旅游行业服务技能大赛，通过竞赛各旅游企业创先争优，涌现了 142 名旅游行业的优秀人才，并从中选送优秀选手参加了"广西第二届全区导游大赛"和"2013 年广西旅游饭店服务技能大赛"，均取得了优异的成绩，极大地增强了凝聚力和号召力；三是加大市场规范工作力度。在《旅游法》正式实施之前，为了让全市旅游企业全面掌握旅游法，市旅游局前后 6 次进行宣传贯彻，做到了从政府部门到旅游企业，均能掌握旅游法的内容，并加大执法力度，狠抓旅行社责任保险统保示范项目工作和国内旅游"一日游"合同《示范文本》推行工作，开展"品质旅游、伴你远行"旅游公益宣传及旅游市场专项检查治理活动，进一步规范旅游市场秩序；四是强化旅游安全管理。开展安全生产专项检查，狠抓旅游安全生产各项工作的落实，确保无旅游安全责任事故；五是在旅游质量监督方面，在全社会聘请 35 名旅游质量监督员，同时对旅游投诉受理、处理及时高效，有效维护了游客和旅游从业者的合法权益。

（四）根据《中华人民共和国旅游法》，努力推动旅游业"五个转变"

这"五个转变"是：由传统低端旅游向现代高端旅游转变，由观光型旅游向度假型旅游转变，由单纯重景观建设向重旅游文化精品建设转变，由点式开发向串珠成链、资源整合转变，由重资源开发向重市场营销和资源开发并重转变，争取将贺州建设成为中国具有较强竞争力和吸引力的旅游休闲度假目的地，让中外游客在贺州"吃有特色，住有选择，行之方便，游之尽兴，购之丰富，娱之快乐，健之有所，疗之有效，教之有益"。

七、新农村建设

在社会主义新农村建设过程中，贺州市按照"生产发展、生活宽裕、乡风文明、村容整洁、管理民主"的二十字方针，结合贺州实际，扎实有效地推进此项工作，使贺州广大农村发生了喜人的变化。按照"科学规划、民主选点、农民为主、政策引导、政府扶助、注重实效"的工作原则，贺州市确定了30个村作为社会主义新农村建设试点，其中贺街镇三家滩村、钟山镇周屋厂村、葛坡

富川瑶族自治县富阳镇铁耕村村貌

八步区莲塘镇仁冲村外景

镇白牛村和五将镇河井村为市县（区）共建试点村。通过抽调干部下乡宣讲，建设新农村的观念在农村中深入人心。市、县（区）都建立了新农村建设的组织机构，制定了实施方案。根据各试点的实际情况，30个村都确定了主导产业。如白牛村以脐橙和立体种养为主导产业；钟山邓村以椪柑为主导产业；五协村以无公害蔬菜和"农家乐"旅游为主导

平桂管理区沙田镇民田村

产业。在基础比较好、发展水平较高的村，加大基础设施建设投入，努力改善村容村貌，使农民世代居住的农村也有了"城市"的感觉。如富川白牛村、钟山邓村已制定了规划，实施了项目，村容村貌发生巨大的变化。此外，贺州市实施部门对口扶持的政策，使全市各部门发挥自身职能，为新农村建设出力。

（一）铁耕模式

近年来，贺州市富川瑶族自治县富阳镇铁耕村党支部按照新农村建设"二十字"方针要求，通过推行"搞好规划明方向→土地流转奠基础→党员带头抓产业→干群合力建新村"的"四步工作法"，成功探索出了八桂新农村建设的"铁耕模式"，受到自治区领导的高度评价，树起了社会主义新农村建设的一面旗。

1. 科学规划：指明发展新方向

铁耕村交通便利，距离富川县城仅8公里，全村耕地面积达5780亩，人均5.42亩，土地资源比较丰富。然而，就是这么一个"不差地"的村子，之前却因农业产业规模小、农民收入渠道单一、村容村貌比较脏乱，一直制约着当地加快发展。

2007年，随着富川以脐橙种植为龙头的农业特色产业的迅猛发展，周边一些村子依靠种植脐橙、黄花梨走上了致富路。铁耕村党支部带领村党支部一班人，怀着带领村民致富奔小康的强烈愿望，自下而上反复征求意见，最终确定了"发展现代特色农业，建设富裕和谐新村"的工作思路，从特色产业培育、村容村貌改造、文明新风营造等三个方面谋划出台了本村2007—2010年发展规划，并向群众公示承诺，明确了努力方向。

在特色产业发展方面，重点发展春烤烟、优质丰产油茶林、优质水果、瘦肉型猪等四大特色产业，努力在2010年实现"1155"发展目标，即实现人均拥有1亩烤烟、1亩油茶林、5亩优质水果、5头瘦肉型猪，农民人均纯收入达 6000 元。

在村容村貌改造方面，争取实现进村、环村道路水泥硬化，田间地头机耕道和三面光水渠相通，修建完善村委新办公楼、篮球场、古樟树公园、人工湖、五保村、农家书屋、幼儿园、卫生室、便民商店等公共设施和活动场所，让村民的生活居住环境干净整洁、焕然一新。

在文明新风树立方面，通过开展"三好"（即好青年、好媳妇、好家长）评比、"双学"（即学文化、学技能）竞赛和"三无"（无赌、无毒、无盗）村屯创建等活动，努力营造文明向上的新风尚。

2. 土地流转：奠定发展坚实基础

在寻求发展的探索中，铁耕人渐渐认识到：只有通过土地流转将各家的土地集中起来连片开发，才能充分发挥铁耕村的土地资源优势，发展现代特色农业，实现从"不差地"到"不差钱"的跨越。

2008 年初，镇、村两级积极向上级争取，广西壮族自治区烟草局终于决定把该村作为全区现代烟草农业试点村，一期工程投入资金 800 万元，将面积 603 亩的 1719 块水田重新整合分割成 288 块，平均每块由"流转"前的 0.35 亩扩大到 1.99 亩，为实行机械化耕作、提高工作效率和经营效益打下基础。

2009 年 2 月，广西壮族自治区烟草局再次给该村投入 600 多万元，实施二期面积 957 亩的水田土地流转项目。这一回，之前的"钉子户"第一个在《土地流转承诺书》上签了字，并主动现身说法动员乡亲们签字。因为在一期工程中得到了实惠，农户们纷纷支持，该项目很快就完成了。至同年 4 月，铁耕村的 1560 亩水田已全部流转完毕，水田的地块由原来的 4457 块变为 780 块，每块平均面积从原来的 0.35 亩扩大到 2 亩。截至目前，铁耕村土地流转面积达到 5710 亩，占全村耕地总面积的 98.8%，全村 100% 农户参与了土地流转，是全县土地流转率最高的村。在这场关于"地"的嬗变中，村党支部和共产党员充分发挥了战斗堡垒作用和先锋模范作用，使得该村在整个土地流转过程中没有发生任何肢体冲突，实现了"和谐"流转。2008年，该村被评为"广西新农村建设土地流转示范村"。

3. 发展产业：党员勇当"领头雁"

整合土地资源后，村党支部又带领群众打起了发展产业攻坚战。村党支部将26名党员组织起来，按照产业分布分成水果生产、烤烟生产、瘦肉型猪养殖、油茶林生产等4个产业党小组，并挑选"双带"能力强和群众威信高的党员担任小组长；同时，对应成立了四个专业合作社，由党小组长原则上兼任合作社社长。党旗插在产业链上，这26名党员勇当"领头雁"，引领着该村特色产业不断发展。

2009年秋天，由于外部市场的影响，铁耕村盛产的水果大量滞销。当村民们手足无措之时，水果产业党小组顶住压力信守承诺，把困难党员和群众的柑桔以保底价收回，赢得了群众的信任与支持，坚定了村民继续发展水果产业的信心。水果产业党小组的6名党员依托自身资金、技术等方面的优势，热心为果农提供帮助，成为困难时刻力挽狂澜的中流砥柱。在他们的带动下，目前，铁耕村水果种植总面积达到4250亩，比2006年增加2090亩。2015年全村水果进入丰产期后，预计单项人均可增收（纯收入）1万元。

此外，铁耕村还开发春烤烟种植面积1260亩、种植油茶林610亩、水果4250亩，年出栏瘦肉型猪8000多头，原定的"1155"经济发展目标已基本实现，逐步形成了优质水果、烤烟、油茶林和瘦肉型猪等四大特色产业。2010年，全村农民人均纯收入达到5425元，比2006年翻了一番。

4. 新村建设："两个文明"一起抓

生活逐渐宽裕起来的铁耕人，对居住环境和精神生活提出了更高的期盼。于是，一场以"村容村貌改造"为主题的又一场攻坚战打响了。

2009 年 7 月，铁耕村党支部创新性地成立了两个"新农村建设理事会"：本村外出工作人员"新农村建设理事会"的会员主要由本村在市、县、镇三级工作的干部组成，会长由在县里工作、职位相对较高且热心家乡建设事业的同志担任；村内"新农村建设事会"的会员主要包括村里德高望重的党员和村民代表，会长由本村"双带"能力强、群众威望高的党员担任。铁耕村还健全了村共青团、妇代会等群团组织。这些组织广泛凝聚了全村的各种力量，在新村建设的宣传发动、思想疏导、矛盾调处等一系列工作中，始终坚持民主公开原则，很快赢得了村民的信任，在全村形成了共识。截至去年底，全村共拆除破旧民房 146 间、总面积 8560 平方米，新铺生态砖 9630 平方米，改造瑶族民居 62 座、仿古立面改造 3100 平方米，新增绿化面积 5800 平方米，村民"改厨、改圈、改厕"三改率、沼气入户率、闭路电视入户率和自来井水入户率均达到 100%。

铁耕村还多方筹集了 500 多万元进行村容村貌改造，全村修建了进村、环村水泥路 6.8 公里，村委新办公楼、幼儿园、古樟树公园、文化长廊各一座，人工湖、青年小广场、篮球场各一个，农家书屋 3 间、卫生室 1 间、便民商店 1 间。铁耕村的村民惊喜地感叹："没想到我们在村里就能过上城市般的生活！"

在抓好硬件基础设施建设的同时，铁耕村还在村民中广泛开展"三好"评比、"双学"竞赛和"三尤"村屯创建等活动。丰富多彩的活动大大丰富了村民的精神文化生活，让村民在富了腰包的同时也武装了头脑，形成了一种人人知书达理，全村文明和谐的新风尚。

（二）农村社区建设

自 2013 年以来，贺州在推进新农村建设过程中，结合实际，大胆创新，以建设经济、政治、文化、社会和生态文明建设为目标，以基层党建为引领，以资源统筹为手段，以深化服务为措施，以建好幸福院为切入点，以完善机制为保障，创新新型农村社区建设"贺州模式"，实现了农民就地城镇化，促进了社会主义新农村建设，创新了农村社会治理模式，确保了农民安居乐业、农村社会安定有序。目前，除铁耕村外，贺州还有 15 个新型农村社区建成，以及 50 多个在建。

创新基层组织设置模式。按照"因地制宜、务实管用，先易后难、循序渐进"的原则，在人口相对聚集、相互临近 1 个或多个自然村联合成立新型农村社区。在新型社区范围内，保留行政村体制不变，组建社区党组织，实行"网格化"管理，形成以中心自然村为主体、辐射带动周边自然村庄的社区党建工作新格局。同时，在产业协会、农民专业合作社、农村老年人协会等领域建立党支部或党小组，并依托生产综合服务站为社区居民做好产前、产中和产后服务。目前，共在试点农村社区新成立党支部 9 个。

1 平桂管理区旺高镇新联村村委　　2 昭平县北陀镇山根新村
3 富川瑶族自治县莲山镇大深坝村一角

健全社区党群组织体系。创新社区党建模式，完善党组织领导下的社区居民自治制度，突出社区党组织这一领导核心，健全社区工青妇等群团组织，培育发展服务性、公益性、互助性的社会组织，依托社区理事会、监事会、公共服务中心三大机构，形成政府行政管理与社区自治有效衔接、良性互动的管理机制。目前，共在试点农村社区成立各类组织 61 个。

统筹城乡党建互助共建。统筹城乡党建资源，开展党组织"结对共建"和"千企帮村、助民圆梦"活动，通过机关、企事业单位党支部联系农村社区党支部、机关企事业单位党员联系农村社区群众，从而达到健全城乡党建互带互助机制的目的，增强社区党组织的堡垒作用和服务功能。目前，共在试点农村社区开展结对帮扶 180 多次，服务社区党员群众 2.5 万人次。

统筹社区党员服务队伍。依托社区内党员，开展"设岗定责"，组织义务志愿者，组建政策时事宣传、环境卫生保洁、社会综治调解、科普技术指导、社会保障救助、就业创业援助和文体娱乐活动七支队伍，广泛开展各类服务活动，让农民享受优质高效的社区服务。目前，贺州市试点农村社区已开展服务活动 600 多场次。

统筹利用远程教育网络平台。通过利用党员干部远程教育、农村广播电视载体，积极创建远教广播、远教电视和远教会议"三位一体"的新型远教平台，实现了远教、广播和电视资源的优化和共享，搭建了服务联系群众特色化党建工作平台。

为了引导社区居民自治，在农村社区建设中，贺州市通过建立社区理事会、议事会（监事会）和社区服务中心，充分调动居民参与社区建设的积极性，有效推动了村民的自我管理、自我教育和自我服务。

社区理事会。成员数 5-9 人，由社区群众从所在社区村"两委"干部、村民代表或社区内思想觉悟高、群众威信高、工作经验丰富、为人公道正派、热心公益事业、深得群众信赖的村民、及"五老"人员（老党员、老干部、老教师、老模范、老复员军人）和经济能人中，民主推选而产生。

社区议事会（监事会）。成员15-20人，由所在社区的村"两委"干部、党员和群众代表组成，党员和群众代表均由社区所在村的村民小组群众负责推荐产生，社区党组织负责审定，兼顾地域、阶层、年龄、学历、职业、性别等结构情况，做到广泛性和代表性统一。议事内容主要涉及本社区经济社会发展的大事、经济社会发展需要解决的热点和难点问题，以及上级党委、政府交办落实的重要事项。议事会党群代表不仅要多走访联系党员群众，多听取广大人民群众的意见，多向支部客观反映村情民意，而且还要做好上情下达、下情上传的联系工作，议事时还要积极发表意见，主动献计献策，认真讨论商议，积极履职。召开时间灵活，可根据需要随时召开。目前，该市10个试点社区全部成立了议事会。

社区公共服务中心。重点将组织部门村级组织活动场所标准化建设、文化部门村级公共服务中心建设、卫生部门卫生室、公安警务室、计生服务幸福家园、民政部门农村五保村建设等相关涉农项目统一打包实施，建设农村社区公共服务中心，设立生产综合服务、文体活动服务、卫生医疗服务、村务管理服务、居家养老服务、妇女儿童服务、社区志愿者服务七个社区服务站，将之打造成为干部办公、村民议事、党员活动、服务群众的综合性平台。

为实现"就地城镇化"，贺州围绕"五位一体"目标推进农村社区建设。

围绕经济建设，让村民职业非农化。充分利用现有资源，大力发展特色农业产业，推进立体式种养业，促进农村经济的发展。围绕本社区主要生产项目，成立专业经济协会或专业合作社。健全社区生产服务组织，充分发挥农资超市等服务组织的作用，为村民提供产前、产中、产后的系列服务。利用远程教育网络平台，开设就业信息网平台，提供就业市场信息服务。目前，10个试点农村社区共成立专业合作社12个。如富川瑶族自治县葛坡镇极乐村成立水果专业合作社，通过土地流转的方式，将村民分散的土地整合起来，重新分发承包，统一种植、统一管护、统一品牌、统一经营，集中连片新种了1500亩脐橙，促进了水果产业发展。

围绕政治建设，让村民自治民主化。社区党组织利用农村社区这个阵地和平台，大力推进"阳光党务"、"阳光村务"和民主管理，组建民情集中服务中心（站），推行"农事村办"机制，不断提高办事效率，增进干群关系，夯实基层基础，把农村社区建设成了以村党组织为核心的各类社区组织发挥作用、服务群众的有效平台。建立一套包括民主决策、民主管理、村务公开、民主监督等在内的民主管理制度，形成了有效动员社区内生性资源的机制，充分发挥了村民在讨论决定村务大事、搞好村务管理中的重大作用。建立以村民代表、农村"三长"、"五老"为主体的村民自治骨干队伍和民主管理志愿者队伍，带动村民参政议政。

围绕文化建设，让村民思想观念现代化。以建设社区公共服务中心为契机，健全了社区文化设施。充分发挥文化活动志愿者的骨干作用，因地制宜地组建文体活动团体，如社区剧团、体育健身队等。利用农闲、节假日等时间，组织开展群众性文化、体育活动，丰富群众的文化生活。通过放映科普电影，举办科技文化讲座和村民夜校等形式，大力倡导健康文明的社会新风尚，提高村民的文化素质和文明程度，形成新型人际关系和邻里关系，培育与新农村建设相适应的社区居民。目前，全市10个试点社区，共建成文化服务中心10个，舞台（戏台）10个，篮球场、羽毛球场等运动场地16个，休闲活动场所10个，农家书屋10间，篮球队、羽毛球队、健身队、舞龙队等社区文体活动组织34个，进一步满足了社区居民的精神文化需求。

围绕社会建设，让村民生活方式城市化。协助政府搞好涉村政务的管理，建立村民自我管理与政府行政管理有效衔接、村民依法自治与政府依法行政良性互动的农村基层社会管理体制。通过社区公共服务中心，把政府公共服务延伸到农村社区。实行"农事代办"制，为村民代办各种公共服务，做到了村民小事不出社区，大事不出乡镇，即可办结。推行网格化管理，搞好社会福利、社区保障和社会救助，积极开展农村志愿服务和群众性互助服务活动。维护本社区的治安秩序，调解民间纠纷，及时化解社会矛盾。建立农村社区治安防范机制和"矫正"机制，把黄、赌、毒排除在社区之外，营造和谐安宁的社会环境。建立各种生活服务组织，满足村民多方面的生活需求。在试点社区中，建有社区服务商店35家。

围绕生态文明建设，让村民生活环境园林化。通过深入开展"清洁城镇乡村·建设美丽贺州"活动，努力建设美丽农村社区。制定农村社区山、水、林、田、路等基本规划，抓好空心村治理，把完善基础设施建设与美化社区环境有效地结合起来。大力推进危房改造、基本农田建设及改造、通村公路及村内道路修建、农村水利设施建设。宣传动员村民在自家房前屋后广植花木，建设生态村落，发动社区村民开展居家卫生整治活动，切实解决脏乱差问题，引导村民养成健康文明的生活方式，探索建立一套切实可行的环境卫生治理和管护办法，解决农村普遍存在的"白色污染"、垃圾和粪便污染，改善社区人居环境。目前，试点社区制定了村民卫生文明公约等卫生管理机制35个，成立社区保洁队伍15支，清理垃圾200多吨，种植桂花、黄花木等2000多株。

第五章

贺州撷英

HEZHOUXIEYING

今日贺州正在崛起！

建市 10 多年来，贺州一直在加快从传统农业市向新型工业化城市、从不沿边不靠海的广西"交通末梢"向桂粤湘区域性交通枢纽、从"县级市"向区域性中心城市、从广西"区尾"向承接东部产业转移的开放前沿转变，一个充满生机活力、昂扬向上的新贺州正在桂东大地上崛起。

贺州的崛起之路是从发展工业开始的，"工业强市"战略奠定了贺州百年发展大局的雄厚基础。2006 年，市委、市政府高瞻远瞩、审时度势，提出了"五业并举，工业优先，夯实基础，做大总量"的总体思路；2008 年提出"五业并举"，全面实施"工业强市"的战略；2009 年出台了《关于做大做强做优我市工业的决定》；2010 年，提出"工业立贺，富民强市"战略和"大力发展循环经济，推动贺州经济科学发展跨越式发展"的决定，在全市掀起了发展工业、推动科学发展的高潮。2012 年后贺州市委、政府认真贯彻落实中国共产党第十八次全国代表大会精神，提出并围绕打造"华南生态旅游名城"、"粤港澳后花园"和全国知名生态旅游休闲养生养老示范区的发展目标，着力推进绿色发展、循

贺州市领导到钟山县调研农业发展情况

贺州市领导到八步区调研项目建设情况

环发展、低碳发展和可持续发展，努力打造贺州经济"升级版"和贺州发展"升级版"，建设美丽贺州和实现全面建成小康社会的进程不断加快。

旺高工业园区就是贺州实施"工业立贺，富民强市"战略的重要基地和排头兵。目前，旺高工业园区按照"一区多园"模式，已完成生物科技产业园、新材料（稀土）产业园、食品加工产业园的规划建设，重点发展制药、化工、稀土、电池、食品加工、有色金属等产业。

各县区也积极按照市委、市政府的部署，结合各自实际，加快发展步伐：钟山县按照市委、市政府推出的"将钟山打造成贺州副中心城市"的要求，坚持以城乡经济统筹发展，做大做强工业项目，推进城镇化建设，加快建设"十里画廊旅游区"，更加注重以民生为主的社会事业发展，取得显著成效；富川瑶族自治县全面实施"生态立县、富民强县"战略，努力建设"幸福富川"，打造"中国瑶乡明珠"，建成了中国脐橙之乡、全国文明县城、全国出口食品质量安全示范区……

贺州市工商管理局紧紧围绕全市经济发展大局，认真贯彻落实市委、市政府深入实施品牌战略等的部署要求，认真做好市场监管工作，净化市场环境，大力培育贺州本地品牌，促进了贺州经济全面协调可持续发展，有力维护了市场稳定和和谐，促进了和谐贺州建设。

广西电网公司贺州供电局在全市全力推进工业化、城镇化和农业现代化进程中，主动担当社会责任，立足于保安全、保民生、促发展，积极弘扬"辛苦我一个，点亮千万家"的南网精神，全力当好贺州经济社会发展的"先行官"，谱写了一曲曲科学发展、和谐发展的赞歌。

中国移动贺州分公司紧紧把握信息化发展契机，开拓进取，抢抓机遇，通过建设"数字贺州"、推动企业信息化建设、助力文化贺州建设、推动"信息惠农"等措施，推动了贺州全市信息化应用水平的提高，促进了地方经济转型和人民生活水平提高。

贺州广济医院以"救死扶伤，广济于民"为办院宗旨，集医疗康复、预防保健、科研教学于一体，通过加强医疗队伍建设、引进先进技术设备等手段，致力于为人民群众的生命健康提供保障，其医疗和服务质量在贺州市广受赞誉。

……

十载砥砺前行，十年科学发展，成就来之不易，经验弥足珍贵。

雄关漫道真如铁，而今迈步从头越。今后，200 多万贺州人民将紧密团结在以习近平同志为总书记的党中央周围，认真学习贯彻党的十八大精神和十八届三中全会精神，高举中国特色社会主义伟大旗帜，坚持以邓小平理论、"三个代表"重要思想、科学发展观为指导，深入实施"工业立贺，富民强市"、"大力发展循环经济，推动贺州科学发展跨越发展"等重大战略部署，加快推进生态文明建设，加快建设全国循环经济示范区、广西新型工业城市、桂粤湘区域性交通枢纽和华南生态旅游名城——贺州崛起之路、科学发展之路一定会越走越宽广！

一、崛起之路——钟山印象

近年来，钟山县在市委、市政府的正确领导下，坚持以科学发展观为统领，牢固把握科学发展主题和加快转变经济发展方式主线，围绕全面实施"一轴两翼三区"发展战略和建设平安宜居富裕幸福新钟山

近年来，钟山县交通事业发生了日新月异的变化，图为桂梧高速公路平钟段同古立交桥雄姿

奋斗目标，团结带领全县人民群众，解放思想，抢抓机遇，开拓创新，克难攻坚，突出抓好项目建设、园区发展、招商引资、民生事业、党的建设等重点工作，着力把钟山建设成为贺州市副中心城市、桂东北机械制造和矿产资源加工基地、广西特色农业示范县、两广旅游黄金节点。据统计，2013 年，全县地区全县生产总值 68.6 亿元，增长 9.2%；全社会固定资产投资 82.4 亿元，增长 18.5%；财政收入 4.01 亿元，增长 12.6%；社会消费品零售总额 26.9 亿元，增长 12%；城镇居民人均可支

钟山县领导调研基层党建工作

配收入 20408 元，增长 9%；农民人均纯收入 6407 元，增长 12.2%。三产比例为 20.6 : 45.4 : 34。国家"一站式服务"降低艾滋病试点工作经验交流会、全区"村村通"广播电视乡镇无线发射台建设工作现场会、全区农村幸福院建设工作会议和基层民政服务能力暨民政项目建设推进会、全区纠风工作推进会、全区刑释解教人员安置帮教工作现场会、全市"清洁城镇乡村、建设美丽贺州"暨城乡风貌改造工作推进会等重要会议在钟山县召开。钟山县荣获全国生态文明先进县、全国科技进步先进县、实施中国妇女儿童发展纲要自治区级示范县、广西"五个民政建设年"活动先进县、广西科普示范县、自治区药品安全示范县等称号。

（一）工业发展

工业的发展，能够为一个地区的经济建设注入巨大的活力。近年来钟山工业立足于集中建设，而打造桂东北机械制造和矿产资源加工基地是钟山工业建设的重中之重。钟山县坚持以新型工业循环产业立县，按照"大项目－大企业－大产业－大集群"发展路径，加快推进有色金属开采冶炼及深加工、农林产品深加工、日用陶瓷、建材石材加工、烟

钟山县领导到企业调研生产经营情况

辅材料加工、轻纺加工六大支柱产业集群发展。引导长城矿山机械厂与强优企业合作，形成机械制造加工产业集群，构建工业发展新高地。

五章 盘活钟山监狱 7000 多亩国有闲置土地，重点推进总投资 40.5 亿元的钟山工业集中区机械装备产业园项目，加快钟山工业集中区、钟山镇龙马村旁高速引路片区、回龙镇邝氏陶瓷项目片区、燕塘镇石材片区规划。全面实施企业成长计划，构建以大企业为主导，大中小企业专业化分工、产业化协作的产业组织体系，分梯次培育一批大企业、中小企业。集中培育和发展一批主业突出、技术创新能力和核心竞争力强的企业集团，鼓励扶持新凯骅集团等一批强优企业上市。2013 年，完成征地 1457 亩，落实用地指标 1830 亩。制定实施《2013 年政银企合作方案》，缓解项目融资难题。招商引资项目 111 个，到位资金 54.86 亿元，引进外资 756 万美元。项目工作流程机制明显优化，全县统筹推进 95 项重点项目完成投资 40.33 亿元，27 项列入市级层面统筹推进重大项目完成投资 19.26 亿元，均超额完成年度计划。总投资 10 亿元的中广核花山、东岭风电场取得自治区核准。邝氏陶瓷项目建设取得突破性进展，旭平首饰、杨氏果业钟山贡柑加工基地等投资亿元以上重大项目加快推进，永辉石业、坤旺林业、中源人造岗石等项目落户钟山，将为钟山经济腾飞提供强劲动力。

（二）农业发展

加快发展高效优质农业，打造广西特色农业示范县。坚持以特色农业高效农业稳县，紧紧抓住国家加强水利基础设施建设、实施新一轮扶贫开发等重大机遇，大力发展农业循

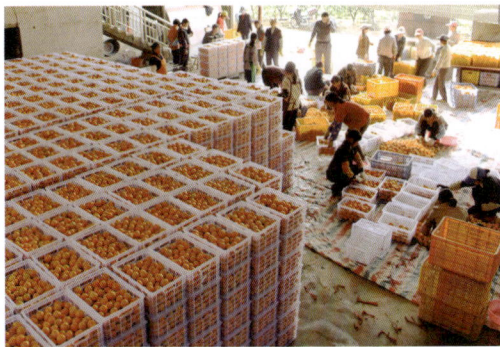

贡柑成为农民增收"黄金果"

环经济，打造高效优质品牌，千方百计促进农业增效、农民增收、农村发展。制定奖励政策扶持农业产业化发展，大力推行"企业＋基地＋农户"生产模式，不断做大做强贡柑、大头菜、烟叶等优势产业，打响钟山农业品牌。加快建设优质稻、蔬菜、马蹄、水库养殖等"十大特色农业示范基地"。加强培育和提升一批加工型农业龙头企业，增强农业产业化组织的带动能力。积极拓展农业的生态功能、文化功能和社会功能，引导农民和工商企业投资开发效益农业、生态农业等现代农业，促进生态农业观光园区建设。加快新技术、新品种的研发、推广和应用，加强农民实用技术培训，不断提高农业生产的科技含量。完善农田水利基础设施，增强农业防灾抗灾能力。2013 年，成功争取总投资 1.08 亿元的第五批中央财政小农水重点县项目，完成水利水电固定资产投资 4.5 亿元，开工建设防汛抗旱、水库除险加固、农村饮水等水利设施 66 处，完成灌溉面积 19.9 万亩，发电量 9500 万千瓦时。粮食播种面积 39.6 万亩、粮食总产 14.7 万吨。新增贡柑等水果面积 1 万多亩，全县贡柑面积 5 万多亩，年产值 4 亿多元。烟叶面积 8700 亩，比上年翻一番，收购烟叶 1.5 万担，创税 352 万元，为农民增收 2200 多万元。发展蔬菜、粉蹄、大头菜、桑蚕、淮山等高效经济作物 20 多万亩。正式注册使用"钟山贡柑"商标。英家大头菜通过农业部农产品地理标志登记保护，并被评为第三届广西名特优农产品交易会银奖产品，填补钟山县国家级农产品地理标志认定和农产品获奖空白。新增专业合作社 17 家，带动土地流转面积 12 万亩。农业龙头企业发展壮大，万头奶牛养殖基地存栏荷斯坦奶牛 3800 头并正式产奶，将打造成为广西最大的荷斯坦奶牛养殖基地，并依托产业发展玉米青饲料种植业和奶制品加工业，形成"种、养、加"一体化的循环生态现代畜牧业；洲星食品公司粉马蹄种植面积、加工和出口能力均居全国第一，马蹄粉产量占全球 70%；钟山温氏畜禽公司总部落户钟山县，脆肉鲩鱼养殖基地建成投产。成立养殖合作社 8 家，辐射带动特色养殖户 3000 多户，特色养殖基地 8 个，养殖豪猪 3000 头、竹鼠 2 万多只。桂台合作现代农业示范园建设有效推进，全县建立水稻生产全程机械化示范点 10 个。

（三）城市建设

按照贺州市第三次党代会提出"加快建设粤湘桂区域性中心城市，推进'贺八平钟一体化'进程，将钟山打造成为副中心城市"的战略部署，坚持以城乡经济统筹发展强县，注重以新区建设为主的城镇化发展，按照"一心两城、完善老城、建设新城、扩大两翼、重点向东"的城市发展方向，突出现代化县城的大气、山水园林县城的灵气，重新调整县城发展规划，加快建设钟山、公安、燕塘、回龙等中心城镇，着力构建由中心县城和中心城镇组成的城市布局。把新区建设与产业布局调整、项目建设结合起来，努力把滨江新区建设成为方便舒适、安全和谐的现代居住新城。大力实施城乡风貌改造和城乡清洁工程，开展"三项整治"，抓好城区绿化、美化、亮化，营造适宜人居的优良环境。加快交通、水利、电网、通信、市政公用等县城基础设施建设，不断提高县城承载能力和产业集聚功能。深化城区管理体制改革，加强综合执法，不断提高城市管理服务水平。目前，全县镇区总面积 1.46 万亩，城镇人口占全

实施城市美化、亮化工程后的县城夜景

县总人口的 33%；城区混凝土道路总长 45 公里，道路面积 118 万平方米，人均住房面积 20 多平方米；城区的绿化覆盖率为 39.81%、绿地率达 33.19%。其中，县城面积增加到 9.32 平方公里，常住人口 6.2 万，全县城镇化率 36.2%。2012 年，筹资 5700 万元实施县城和公安、回龙等乡镇风貌改造以及村屯综合整治，完成屋外立面改造面积 40 多万平方米；完成造林 3 万多亩，发放珍贵树种 20 万株，义务植树 131 万株，森林覆盖率 57.84%。2013 年，深入实施"清洁城镇乡村，建设美丽钟山"活动，县生活垃圾卫生填埋场投入使用。投资 3400 万元实施市政项目 14 个，县城北门江南路至滨江路、西环路、迎宾大道等污水管网建设改造、城区亮化工程等 10 个项目竣工，新建排污管道 1654 米，新建、改造路灯 400 杆、LED 灯具 1796 盏。配备垃圾运输车 12 辆、垃圾压缩车 5 辆、洗扫车 1 辆、乡镇人力垃圾清运车 330 辆，建成垃圾池 925 个，清洁田园 15.76 万亩，清理垃圾 3800 多吨。规范占道经营 1500 多起、清理 1850 起，拆除违章摊棚 450 多个，城乡环境面貌一新。

（四）旅游开发

旅游产业总体规划和十里画廊、英家红色旅游、花山水库、凤立湾漂流、岭南（钟山）乡土建筑博物馆等景区景点旅游开发规划加快推进。花山水库旅游项目获市人民政府批准。英家红色旅游项目为全市争取革命老区扶贫开发攻坚"三年帮扶行动"资金 1.5 亿元，其中钟山县项目资金 5600 多万元，省工委革命历史博物馆顺利开工。加快建设十里画廊旅游区，打造两广旅游黄金节点。注重以旅游服务为主的第三产业发展，按照"多出精品，少留遗憾，不留败笔"的原则，高起点、高标准制订好十里画廊旅游区控制性建设详规，提高景区景点的可进入性、可参与性和可观赏性。突出重点特色，整合旅游资源，大力开展区域旅游合作，加快融入大桂林旅游圈，加强与粤港澳旅游互动，打响十里画廊旅游区品牌，把旅游业做大做强。加快旅游行业人才培养，注重引进一批懂管理、

钟山县注重推进以旅游为主的第三产业发展，精心打造两广旅游黄金节点。图为钟山十里画廊迷人风光

善经营、有业务渠道的专业人才，促进旅游产业健康快速发展。充分挖掘、策划、包装丰富的自然旅游资源、民族文化风情资源以及红色文化资源，通过"政府主导、市场运作、企业经营"的发展模式，增强产业发展的后劲和动力，为旅游业的发展注入新的生机和活力。2013 年，全县接待游客 95.6 万人次，增长 12.6%；旅游总收入 9.5 亿元，增长 31.9%。

（五）民生保障

扶贫、教育、卫生等"十项惠民工程"完成投资 4.9 亿元。实施"一事一议"、扶贫开发等项目，累计筹资 6843 万元，硬化村屯道路 52 公里，改造危桥 3 座。发放扶贫龙头企业项目贴息贷款 2380 万

民间艺人在表演两安瑶族羊角长鼓舞

元、扶贫到户贴息贷款 1000 万元。编制中小学布局专项规划；加强教师

队伍建设，公开招聘教师 92 名；改建幼儿园 14 所，增设农村附属幼儿园 64 所，县幼儿园荣获自治区示范性幼儿园称号；农村寄宿学生营养改善工程惠及近万名农村学生；中考成绩保持在全市前列；出台《关于进一步加快普通高中教育发展的意见》，钟山中学通过自治区示范性高中复评；县职业技术学校与县农机校联合办学加快推进。新增农村劳动力转移就业 5027 人、城镇就业 2943 人；全县近 18 万人次参加社会保险。在全市率先完成急救中心等 5 个中央预算内投资卫生项目并投入使用；新农合参合率 99.13%，排名全市第一，基金使用率 102.9%，住院补偿率 69.4%，实施乡、村两级一般诊疗费补偿工作，基本实现"一元钱看病"目标；防艾攻坚工程"双降"指标全面达标，"一站式服务"工作模式在全国推广。投入 4200 多万元新建县社会福利中心、县殡仪馆和示范性敬老院等民政项目，被列为全区创新农村养老服务体系建设和全区推进殡葬改革示范性样板建设项目；发放城乡低保、农村五保、医疗救助和优抚等资金 8800 多万元；接送流浪孩子回家 39 例，境内无流浪未成年人；在全区率先开展星级敬老院创建工作，在全市率先开展农村社区建设工作。建设保障性住房 681 套，分配入住 595 套。落实粮食、农资综合直补和良种、农机具补贴等涉农补贴 4000 万元。建成农村人饮安全工程 11 个，解决 1.1 万人饮水安全问题。新建沼气池 1700 座，推广农村户用太阳能热水器 200 套。改造农村危房 1700 户。发放大中型水库移民后期扶持补助资金 503.8 万元，落实库区和移民安置区基础设施项目资金 958.2 万元，促进库区和移民安置区经济发展。建成阳光助残扶贫基地，完成白内障复明术 165 例。投入计生经费 2697 万元，大力推行"阳光计生""幸福计生"，实施"诚信计生家庭安居工程" 178 户。

二、发展中前行——富川纪实

贺州撤地设市以来，经过十年的改革创新、科学发展，富川瑶族自治县这座广西"省尾"的少数民族山区小城，呈现出了一个崭新面貌。

建市十年来，在市委、市政府的正确领导下，富川县以科学发展观统领经济社会发展各项工作，全

富川县城乡风貌焕然一新

面实施"生态立县、富民强县"发展战略，努力建设"幸福富川"，打造"中国瑶乡明珠"，循环经济产业基地建设扎实推进，建成了中国脐橙之乡、全国文明县城、全国出口食品农产品质量安全示范区，生态文明新农村建设步伐不断加快，县城面貌日新月异，循环经济异军突起……

（一）经济总量跃上新台阶，综合实力显著增强

党的十六大以来，富川县制定实施了一系列促发展、惠民生、保稳定的新举措，以发展促跨越、惠民生、建和谐，全县经济大提速、社会

富川瑶族自治县主要领导到华润循环经济产业示范区调研

大发展、群众得实惠。全县地方生产总值由 2002 年的 12.54 亿元增加到 2013 年的 56.02 亿元，同比增长 15%；财政收入由 0.75 亿元增加到 4.19 亿元，比 2012 年增长 16%；全社会固定资产投资从 1.33 亿元增加到 67.4 亿元，同比增长 5.5%；城镇居民人均可支配收入由 6307 元提高到 20269 元，同比增长 9.6%；农民人均纯收入由 1488 元提高到 6074 元，同比增长 12.9%。

（二）县域工业转型升级，循环工业初具雏形

十年来，富川坚持把工业作为县域经济跨越发展的关键产业，以"贺州循环经济产业示范区"建设为龙头，不断推进工业结

华润雪花啤酒厂生产线

构升级，新型工业化进程不断加快，初步形成以电力、水泥建材、烟辅材料和农副产品加工为主的产业体系，成功探索出从一个山区农业县加快向循环工业强县转变的科学发展之路。2002 年至 2013 年，全县工业总产值由 5.79 亿元增长到 82.60 亿元；三次产业结构由"一二三"变为"二一三"，工业对经济增长的贡献率由 −60.71% 增长到 73.8%；规模以上工业企业盈亏从 −0.14 亿元增长到 2.99 亿元。

富川县把发展循环经济作为经济发展转方式、优结构、上档次的突破口，以建设全国循环经济示范基地，打造循环经济靓丽名片为战略目标，全力推进华润循环经济产业示范区核心区建设，不断拉长循环产业链，加速工业发展转型升级、提速发展。目前，总投资 9 亿元的华润富川水泥厂一期工程年产 200 万吨新型干法水泥生产线已建成投产；总投

资 78 亿元的华润贺州火电厂一期工程 2×100 万千瓦的两台机组已并网发电；总投资 3 亿元年产啤酒 20 万吨的华润雪花啤酒厂也已经投产。

富川瞄准国家低碳经济的政策导向，把风电开发作为推动产业升级的重要抓手，优先发展新能源产业，倾力打造"电力工业强县"。已规划开发风电资源规模达 105 万千瓦，分别与广西水利电业、中国大唐、中国华能、中国风电等风电企业签订了长春、龙头、金子岭等风电场开发项目，共签订风电开发规模 75 万千瓦，总投资达 75 亿元。柳家乡龙头风力发电场（一期）工程装机容量 49.5MW（兆瓦），拟安装 33 台 1.5MW（兆瓦）的风力发电机组，总投资 44015 万元，累计完成投资 39089 万元；麦岭镇长春风电场（一期）工程装机容量 49.5MW（兆瓦），拟安装 33 台 1.5MW（兆瓦）的风力发电机组，总投资 43811 万元，累计完成投资 35346 万元；莲山镇金子岭风电场工程装机容量 49.5MW（兆瓦），拟安装 24 台 2MW（兆瓦）及 1 台 1.5MW（兆瓦）的风力发电机组，总投资 46275 万元，累计完成投资 30200 万元。

（三）循环农业优势凸显，特色产业蓬勃发展

富川通过争取农业项目资金，整合资源，加快土地流转，全面推广"养殖－沼气－种植"生态循环农业生产模式，推进农业生产专业化、标准

华润（贺州）火电厂投产

化、规模化、集约化，全力打造全区水果、烤烟、蔬菜、生猪等特色优势产业强县。目前已引导群众依法自愿有序合理流转土地超过 45 万亩，

水果种植面积达 44 万亩，蔬菜年复种面积稳定在 24 万亩；烤烟年种植面积 4.3 万亩以上；全县发展百头以上规模猪场 627 个，肉猪出栏 91 万头，同比增长 18.3％。

打响"中国脐橙之乡"品牌。富川通过举办第一、二、三届脐橙节，定期举办脐橙产销对接和品质评比活动；远赴北京、上海、南宁、沈阳等大城市举行脐橙直销活动，全方位打造"中国脐橙之乡"品牌。2004 年，富川脐橙被指定为中国－东盟博览会专用

第七届南岭瑶族盘王节暨富川脐橙节

富川县水果加工生产线

产品；2006 年，"富江"牌脐橙荣获"中国名牌农产品"称号；2008 年，富川脐橙被自治区成立 50 周年大庆筹备委员会列为大庆指定用果；2009 年，富川脐橙地理标志证明商标正式启用；2010 年荣获"中国脐橙之乡"称号，2011 年富川获全国农业标准化示范县。2013 年，富川脐橙种植面积达 28 万亩，全县拥有万亩以上脐橙种植带 8 条，有 6000 多户农民种植脐橙，全年脐橙产量达 26 万吨，出口量超 3.5 万吨。

推动循环农业产业升级。富川通过规划建设一个果蔬加工物流中心、

两个总占地面积 18 万亩的现代农业示范园区，带动新华、麦岭、柳家建成 3 个万亩生态种养长廊，推广形成"大猪场 + 大沼气 + 大果场"的生态循环种养模式。建成了占地 1000 亩的桂湘粤果蔬加工物流中心，已有杨氏、富隆、中泓润、金山等 6 家农业加工企业进驻，果蔬加工包装能力达 200 吨 / 小时；生态种养长廊内发展百头以上猪场 82 个，水果 10 万亩。

（四）民族文化资源丰厚，瑶乡旅游稳步增长

富川依托自身独特丰厚的民族文化资源，以打造"中国瑶族文化旅游目的地"为目标，加快瑶族文化旅游资源开发和基础设施建设，组织参加台北两岸观光博览会、广东国际旅游博览会和桂林国际旅游博览会，加大瑶族旅游品牌的宣传推介力度，实现了瑶乡旅游产业稳步增长。

挖掘瑶族文化精品。十年来，富川逐

国家级非物质文化遗产——瑶族长鼓舞

瑶族芦笙长鼓舞表演

年加大瑶族文化挖掘力度，打响瑶族文化品牌。2006 年，福溪马殷庙成为"全国重点文物保护单位"；2008 年，瑶族蝴蝶歌和瑶族长鼓舞被列为国家级非物质文化遗产，秀水状元村、福溪村成为中国历史文化

柳家乡下湾瑶寨

名村；2010 年，瑶族溜喉歌被列入广西第三批非物质文化遗产名录。2013 年，全县 27 座瑶族风雨桥群被列入国家级重点文物保护单位。

打造瑶乡旅游品牌。富川通过抓好秀水状元村、神仙湖生态休闲园、凤溪瑶寨、福溪宋寨、古明城旅游项目建设，建成了"印象凤溪"瑶族风情晚会、秀水"广西特色景观旅游名村"、福溪"广西历史文化名村"和 3A 级景区福利神仙湖等多个乡村旅游景点。2002 年，全县接待游客量 11.4 万人次、旅游总收入 6840 万元，2013 年达到 70.76 万人次和 6.3 亿元。10 年来，接待游客量和旅游总收入出现显著增长。

（五）全力实施民生工程，提高群众幸福指数

富川把改善民生作为加快县域经济发展的最终目标，坚持在共建中共享，在共享中共建，全力实施各项民生工程，促进了经济社会协调发展。

城乡旧貌换新颜。"生态良好、经济繁荣、特色突出"的瑶乡明珠是富川的建设目标。富川多渠道筹集资金 9000 多万元，大力实施城乡风貌改造工程，完成沿街房屋立面改造 15 万平方米、路面改造和管网下地 6 公里，铺设青石板人行道 3.2 万平方米，安装街道路灯、红绿灯、电子监控系统等市政设施，实施县城夜间亮化工程，县城面貌日新月异，县城品位不断提升。大刀阔斧地抓好秀水、福溪、铁耕、洞尾、茅厂屋

富川瑶族自治县成立三十周年庆祝大会

等村的风貌改造，扎实推进 43 个总投资 65.2268 亿元的县庆项目建设，为拉动经济发展注入了强劲活力。十年来，富川建设农村饮水项目 59 个，总投资 6682.50 万元，受益群众达 12.6597 万人；累计完成交通固定资产投资 6.5 亿元，135 个行政村水泥路通畅率 98%，通畅率居全区前列。

社会保障体系日趋完善。2013 年，城镇新增就业 2920 人，农村劳动力新增转移就业 5707 人，城镇登记失业率控制在 3.7%；社会保险覆盖面不断扩大，城镇居民养老参保人数达 6524 人，新型农村社会养老参保人数达 10.51 万人。新农合参保率达 98.69%，"诚信计生"、"幸福计生"全县推升；保障性安居工程实物建房新开工 1267 套，基本建成 574 套。完成农村危房改造 2300 户；全县 12 个乡镇全部普及公租房，成为全市唯一一个全县乡镇普及公租房的县。

（六）固本强基夯实基础，创先争优推动发展

富川县按照"围绕经济抓党建、抓好党建促发展"的工作思路，通过强化县乡两级领导班子建设，全县干群精神面貌焕然一新，形成了凝心聚力谋发展、创先争优当标兵的浓厚氛围。

多年来，富川坚持深入开展以争做"六表率"（争做勤奋学习的表率、争做求真务实的表率、争做推动发展的表率、争做维护稳定的表率、争做增进团结的表率、争做清正廉洁的表率），争当"六种人"（争当基层党建的责任人、群众致富的带头人、矛盾纠纷的调解人、公益事业的牵头人、文明新风的倡导人和廉洁自律的清白人）活动为载体，扎实开展创先争优活动；实行党建工作书记述职评议，通过"一承诺、一汇报、两评议"公开承诺、向县委全委会报告、全委会评议的方式，强化基层党组织书记党建工作第一责任人意识；把基层党组织建设、农村产业发展与新农村建设相结合，延伸党建触角，激活党的细胞，引领农村产业发展和农民增收上发挥先锋作用，实现了党建工作和产业发展互动双赢。全县共建立产业党支部 16 个，建立产业党小组 216 个，富川县委荣获"全区创先争优活动先进县（市、区）党委"。

三、红盾卫士——贺州市工商管理局

贺州市工商局位于贺州市八步区建设东路 9 号，下辖八步分局、平桂管理区分局，昭平县、钟山县、富川县工商局，承担着维护贺州经济秩序、营造良好市场环境的重要职责。目前有工商所 53 个，机关下设 10 个职能科室。有公务员 434 人，工勤人员 16 人。全系统有研究生学历和在读研究生 13 人，占总数的 3%，本科学历和在读本科 178 人，占总数的 91%；党员干部 312 人，占总数的 72%。

多年来，贺州市工商局以"团结、务实、高效、创新、争先"为宗旨，充分发挥工商行政管理职能，发扬创新精神，努力开拓进取，立足本职，服务经济，服务社会，主动热情为经营主体和各界群众服务，取得了良好的工作业绩。

贺州市工商局紧紧围绕全市经济发展大局，按照全区工商行政管理工作会议精神和市委、市政府工作部署，以科学发展观为指导，以开展

"解放思想、赶超跨越"大讨论活动为契机，扎实推进"七个工商"建设，为推进跨越发展、加快崛起进程、构建和谐贺州做出了新的贡献。

（一）服务地方，服务经济发展

服务发展是工商部门的第一要务，为此，全市工商系统始终围绕发展的需求点，坚持大局为重、服务为先。进一步丰富服务内涵，延伸服务的深度和广度，不断提升服务发展的水平。

1.扶持微型企业，推进经济平稳发展

为了做好市场主体基础信息分析工作，也为各类经济主体平稳健康发展提供参考依据，市工商局在 2012 年新发展私营企业 1487 户，新发展外资企业 9 户，新发展农民专业合作社 90 户，新发展个体工商户 6598 户。同时实施了"扶微工程"，继续扶持市场主体用足用活各项政策措施，促进各类市场主体向好稳定发展。全市 2012 年核发微型企业营业执照 631 户，又一次超额完成当年指标。

2.发挥工商职能，推进经济合理发展

贺州市工商局，进一步落实重大项目、企业改制跟踪服务制度，为贺州市重大项目、企业改制提供跟踪服务 16 件，其中较好地指导了贺州矿业投资项目、中铝广西

贺州市工商局领导带队深入县区检查

有色贺州稀土项目注册登记及贺州市辖区新华书店改制工作，并积极参与了贺州市政府完善广西贺州华安汽车运输有限责任公司内部治理工作。

认真贯彻落实市委、市政府关于深入实施品牌战略的部署要求，大力实施商标品牌战略，引导商标持有人充分优势，助产业发展。发挥商标指导职能，指导3家企业申报著名商标，引导"富川脐橙"商标持有人及其企业，参加全国地理证明标志优质产品博览会，推介"富川脐橙"，"富川脐橙"品牌的影响力逐渐扩大到全国和东南亚地区。目前全市有效注册商标608件，其中，地理标志证明商标2件、广西著名商标10件、中国驰名商标2件。三是加大融资帮扶、注册帮扶、政策帮扶等力度，支持、帮助企业做大做强。办理企业股权出质登记27件，担保债权金额26200万元；办理动产抵押登记115件，帮助企业贷款融资9.5亿元。

3. 关注三农，促进经济全面发展

市工商局近年来一直关注贺州市三农问题，多次组织开展农资打假宣传活动。深入乡镇、村和通过各类媒体、出版宣传专栏等方式宣传全市工商系统2011年农资打假成果、2012年红盾护农措施等，共向农民群众、农资经营户分发《2012红盾护农行动宣传手册》5000本，相关宣传资料10000份。

组织开展春季农资打假百日行动和肥料打假专项行动，严厉打击制售假劣农资坑农害农行为，确保农民用上合格农资商品。全系统共检查农资企业和门店1900户次，发现并查处农资违法经营案件187件，案值112.5325万元，没收、查扣不合格化肥2000公斤，不合格农药87件，为农民挽回经济损失75.32万元。在打假中，加强与有关部门和企业的配合。配合公安、质监部门查处望高黎某某生产假冒肥料案，封存假冒肥料300多吨。

加强农资市场监管，开展流通领域农资商品质量定向监测工作，为农业发展护航。抽检复合肥40批次，农药20批次。经检验，不合格肥料8批次，不合格农药3批次。对经销不合格肥料或农药的行为，均依法予以查处。同时，大力培训农村经纪人，扶持农民专业合作社发展，

为农民增收作贡献。举办农村经纪人和"村两委"经纪人培训班 21 期，共培训人员 904 人。全市登记在册农民专业合作社 379 户，出资总额 45486.06 万元。

（二）坚守职责，维护市场

执法监管和消费维权是工商部门的基本职责，事关社会民生与和谐稳定。为此，全市工商系统围绕履职的着力点，进一步创新监管理念、方法和手段，较好地完成了各项工作任务，营

贺州市工商局领导在县区检查食品店销售的奶粉

造了公平竞争和安全放心的市场环境。

1. 多管齐下严控食品安全

通过层层签订《食品安全责任状》，继续推行"一票通"制度，督促监管责任人强化责任意识，促进经营户守法、自律意识提高。同时结合工商局市场监管"五到"工作机制，建立一把手负总责、牵头部门综合协调、相关部门协作联动、工商所属地监管、执法人员"分工包片"的监管机制，以"经济户口"为基础，实行守法诚信度、行业风险度、动态警示度"三度"标准，按"六查六看"要求，实施"网格化管理"。反应迅速、主动出击，认真组织开展了节日食品市场、儿童食品市场、校园及周边食品安全等专项整治工作，进一步加强市场主体准入管理，加强市场巡查和案件查办工作，切实提高市场监管水平。全系统共检查食品经营户 16055 户次、食品添加剂经营户 1266 户次，检查批发市场、集贸市场等各类市场 775 户次，查处各类食品案件 98 件，案值 73.66 万元。

强化流通环节食品添加剂抽样检验和开展食品质量监测工作。开展了乳制品、桶装饮用水、月饼等食品质量监测行动，共抽样送检 52 批次，经检测有 11 批次不合格，立案 9 起。开展食品安全快速检测 5817 次，检测各类食品（农副产品）159 个品种，检测发现不合格 7 批（次），合格率 99.88%。五是核发食品流通许可证工作全面顺利推进，共核发许可证 5638 份。

2. 高压态势打击传销

一是在市委市政府的正确领导下，市工商局开展全方位打击传销宣传教育，全市工商系统开展进校园、进社区、进企业等宣传咨询活动 23 场，组织播放公益广告片 17 次，发放各类宣传材料 10000 份（册），悬挂打击传销宣传条幅 19 条，出各种宣传板报 16 期，出动车辆巡回宣传 6 车次，发送手机短信 20000 多条，构建了防范传销舆论格局。二是继续保持打击传销高压态势，及时分析和评估传销活动态势和打击传销工作形势，开展专项行动，制定相应工作措施，有效遏制传销。联合公安部门出动执法人员 956 人次，执法车辆 231 车次，检查场所 212 处，查处传销案件 1 件，取缔传销窝点 1 个，教育遣散传销人员 19 人次。暑假期间，八步区工商局参与了贺州学院解救学生被骗传销事件，使 4 名被骗学生得到及时安全的解救，得到学院和学生家长的一致好评。三是加强部门联系，会同电信、移动等通讯部门对外地人在辖区使用通信集团网的情况进行监管，严把虚拟网准入关，杜绝传销人员利用通信工具开展传销活动；会同工行、农行、信用社等金融机构对频繁资金交易进行重点监测，确保及时发现传销活动，有效地斩断了传销资金传输的链条。

（三）保民生，促消费，护民权

围绕"消费与安全"主题，始终将消费维权工作作为工商部门的民生工程，着眼于人民群众的根本利益，更加有为强化消费维权，努力营造良好的消费市场环境。

1. 强化宣传，维护消费者权益

以广场咨询、上街宣传、到校辅导、设立假冒商品识别展等方式，开展"3·15"纪念活动。据不完全统计，"3·15"期间，全市各级工商机关设立消费维权宣传服务点 31 个，累计接受消费者现场咨询 4232 人次，共受理申诉 26 件，举报 5 件，解决申诉 23 件，转办 3 件，挽回经济损失 136154 元；组织有关部门服务下乡 15 次，组织市场监督检查 1 次，制作宣传展板 45 块，悬挂宣传横幅 31 条，制作宣传拱门 4 个，发放各种宣传材料 88600 余份（册）；召开各类座谈会 11 次，出动宣传车辆 110 台次；通过新闻媒体、网络发表宣传稿件 27 篇，制作电视、广播专题节目 3 期，播出时间近 1 小时，影响广、成效好，得到社会各界一致好评。

2. 加强消费教育和消费警示，积极引导消费者理性消费

在消费教育内容上，突出抓好可持续消费、依法维权、科学消费、先进消费文化的知识教育，引导消费者树立可持续消费理念，提高消费者依法维权的自觉性，引导消费者科学、合理消费，推动社会前进的先进消费文化影响和改造消费者的消费方式。全市工商系统共开展大型宣传、咨询等活动 9 次，开展授课培训 12 次，其他消费教育和引导活动 8 次，受众总人数 7212 人次，印发各类宣传资料 20350 份，发布消费提示和警示 24 次。

3. 推进 12315"五进"规范化建设，进一步延伸维权网络

积极引导和督促辖区商场、超市、市场、企业、景区设立和完善"消费维权服务站"，指导和督促 12315 消费维权服务站按照"八个一"基本条件，加强规范化建设，建立和完善各项工作制度，稳步推进"消费维权服务站"建设。目前，全市已建立"消费维权服务站"125 个，举办"消费维权服务站"工作人员培训班四期，培训人数 98 人，建立了消费纠纷和解"绿色通道"，逐步形成了布局合理、覆盖城乡的基层消

费维权网络体系。

4. 推进"一会两站"建设，完善消费维权组织网络

目前，全市工商
系统建立消费维权站
517 个，消协分会 42
个；消费者投诉站
和 12315 联络站 482
个。今年来，通过充
分发挥"一会两站"
的作用，昭平县工商
局成功调解了梧州市

贺州市工商局干部在贺州市某超市进行食品安全检测

速生林公司与昭平仙回乡桉树种植基地种植户的化肥消费纠纷，为消费
者挽回 10 万元的损失；富川县工商局成功调解农药消费纠纷，为消费
者挽回 5700 元的经济损失；贺州市工商局平桂分局成功调解一起汽车
质量消费投诉案，为消费者挽回经济损失 43.38 万元。同时，积极扩展
12315 消费维权网络建设，充分发挥商场、超市、学校的环境优势、政
策优势、维权优势，积极在大型商场、超市、学校建立 12315 联络站和
消费者投诉站，实现了消费者就近咨询、投诉、申诉和举报。目前，在
9 个商场、19 个大型超市和 69 个学校建立了 12315 联络站和消费者投
诉站，拓宽了消费维权途径，将消费纠纷及时化解在基层，有力地维护
了社会稳定和谐。

四、发展之源——广西电网公司贺州供电局

岭南山脉绵延千里，贺江河水奔流不息，在桂、粤、湘交汇之地，
昔日临贺郡，今日新贺州正在快速崛起，伴随"工业立贺、富民强市"
的号角吹响，天贺之州，千姿百态，新一轮发展热潮再度掀起。

贺州市政协委员到贺州供电局调研电网建设情况

在这片充满生机的土地上，一群年轻的南方电网人，他们传承万家灯火的赤诚梦想，怀揣服务桂东的豪迈激情，伸展年轻而有力的臂膀，为"美丽贺州"的灿烂辉煌，提供源源不断的能源动力。

广西电网公司贺州供电局成立于 2008 年 1 月 16 日，2009 年 1 月 1 日正式完整局建制，担负着广西主电网向贺州行政区域供电的任务。

广西电网公司贺州供电局肩负起责任和使命，踏实起步、阔步前行。五年多来，该局在市委、市政府及广西电网公司的正确领导下，攻坚克难，勇于开拓，一年上一个台阶，实现了从无到有、从小到人的完美蜕变，为贺州经济社会发展作出了应有的贡献，同时也实现了企业自身的快速发展。

——2008 年 2 月，面对历史罕见的雨雪冰冻灾害，该局全员出动、精诚团结、上下一心，与兄弟单位一起奋战，确保了 220 千伏万道线提前修复供电。在年度五项责任制考核中，总分列广西电网公司 14 个供电局第一。

——2009 年，面对来势汹汹的国际金融危机，该局政企联合、全力应对、合理安排，与贺州企业携手逆势而上，成功实现了电量"V"型反转，直接及间接拉动负荷 18 万千瓦，拉动全市 GDP 产值增长约 35 亿元，全年售电同比增长 34.72%，获得公司"营销工作保电量增长劳动竞赛"第二名。

——2010 年，面对国家实行的节能减排政策，该局主动思考、统筹协调、积极配合，累计调减电量约 4 亿千瓦时，全年完成售电 17.6 亿千瓦时，同比增长 23%，实现节能减排、增供扩销两不误，也为贺

贺州供电局组织安全用电知识宣传活动

州市顺利完成"十一五"节能减排目标做出了突出贡献。

——2011 年，面对贺州建市以来最为严重的缺电局面，该局及时汇报、积极沟通、想方设法，打赢了"电荒"保卫战，累计多指标送电 6.48 亿千瓦时，占贺州全社会用电量的 14.3%，全年售电 27.7 亿千瓦时，同比增长 57.03%，增长率在公司系统排名第一，在电力供应紧张情况下，为支持贺州市地方经济快速发展做出了很大的贡献。

——2012 年，面对经济大环境下行及耗能市场持续低迷，该局深入调研、想尽办法、坚定信心，积极解决电网"卡脖子"问题，全年新开工建设 5 个电网工程，开工项目数创建局以来新记录。全力抓好增供扩销，1—11 月，实现对昭平、钟山、桂源水利电业公司售电同比增长 12.87%、66.6%、1.2%，对贵丰厂售电同比增长 58.55%。

一路艰辛，一路前行。五年艰苦创业、五年齐心协力、五年春华秋实，贺州供电局由小到大、由弱到强，实现了企业与员工的共同发展。

——企业规模稳步扩大，经营效益明显提升。五年间，累计完成售电量 91.75 亿千瓦时，年售电量从建局之初的 10.64 亿千瓦时增长到最高 27.70 亿千瓦时，增长了近 2.6 倍，年增幅最高达 57%；累计纳税 1.41 亿元；固定资产总额从 08 年的 6.23 亿元增长到 2012 年的 11.35 亿元，增长了 1.8 倍。售电量占贺州市全社会用电量比重已超五成，最高达到 2011 年的 61%，市场额度大幅提升，电力支撑能力越发强劲。

——供电服务能力显著提高，电网网架日益坚强。电网建设投资累计达到 6.36 亿元，所辖 110 千伏及以上变电站由建局之初的 5 座增加到 7 座，主变容量从 94 万千伏安增加到现在的 154.6 万千伏安，增长了 64.5%。新增 110 千伏及以上线路 299.48 千米，其中 500 千伏线路 77 千米，增长了 74.73%。管辖 110 千伏及以上线路达 700.25 千米，电网网架结构更为坚强，供电服务能力显著提高。

——企业形象牢牢树立，南网品牌愈加彰显。该局倾力为地方政府献策分忧，共同应对 2008 年的雨雪冰冻灾害、2009 年的全球金融危机影响、2010 年的节能减排压力、2011 年的严重电荒以及 2012 年的经济发展疲软影响，有效地助推了地方经济社会发展，得到客户和社会各界好评。全方位宣传南网品牌，积极参与地方文化、公益事业，在优质服务、业务水平、技术力量等方面树立了良好的企业形象，南方电网品牌

贺州 220KV 变电站开工仪式

深深扎根桂东大地。

五年来，该局荣获了地市级以上集体荣誉95项，个人荣誉134项，先后荣获"全国五一劳动奖状"、"全国'安康杯'竞赛活动优胜单位"、"档案工作目标管理国家二级认定"、"自治区文明单位"、"自治区和谐企业"、"全区厂务公开民主管理先进单位"、"贺州市创建文化先进城先进单位"、"贺州市先进基层党组织"和"纳税信用A级企业"等荣誉称号。

前进的道路充满希望，也充满挑战。作为关系国计民生，助推经济发展的引擎，贺州供电局主动担当社会责任，全力做好贺州经济社会发展的"先行官"，始终立足于保安全、保民生、促发展的基础之上，面对挑战，迎难而上，谱写了一曲曲科学发展、和谐发展、跨越发展的长歌。

——严守安全生产，稳住企业的生命线。始终坚持"安全第一，预防为主"的方针，严守安全生产"三条底线"，建立完善了党、政、工、团齐抓共管的安全生产管理机制。2010、

贺州供电局职工爬上高塔除冰

2011年安全生产综合指数在南方电网公司65个供电局中排名第八和第四，2011年安全生产风险管理体系建设通过第三方"三钻"评定，2012年通过第二方评定。

全面加强应急管理，制定颁布了19个局级综合及专项应急预案、182个现场处置方案发布并化解贺州电网风险73次。推动设备管理科学化，连续三年设备预试到期完成率100%，继电保护动作正确率

100%。

大力推进安全生产风险管理体系建设，开展作业、设备、电网、环境的危害辩识与风险评估，完成评估 829 份作业任务，识别危害 8819 个，识别关键作业任务 61 份。

党政工团齐抓共管安全，组织开展了安全管理论文征集、亲人亲情安全卡、板报展、文化衫评比等系列活动，营造了齐心协力、共抓安全的良好氛围。

破解建设难题，增强电网供电能力。以服务地方经济社会发展为出发点和落脚点，按照"适度超前、结构合理、安全可靠、覆盖面广"的基本原则，提出《贺州"十二五"电力发展规划思路报告》供市政府决策参考，组织修编了《贺州"十二五"电网规划》。推动贺州市政府与广西电网公司签订了《贺州市"十二五"电网发展战略合作框架协议》以及以市长为组长的贺州市电网规划建设协调领导小组的成立，电网发展外部环境得到明显改善。

制定"可研一批、立项一批、建设一批、投产一批"的工作思路，成功投运建局后首个全程独立负责的 220 千伏汇丰变电站，并一次性在 220 千伏信都变电站扩建 2 台 15 万千伏安主变，在广西电网公司系统尚属首例。2011 年提前 21 天完成全年电网工程项目投产任务，累计完成电网建设投资 2.14 亿元，同比增长 109.31%，排名公司系统 14 个供电局第一。四年来新增变电容量 48 万千伏安，新增 110 千伏以上线路 217.48 千米。

狠抓队伍建设，员工和企业共成长。面对成立之初的起点低、底子薄，贺州供电局坚持在加强人才培养上下功夫，2009 年与清华厚德培训机构制定"着手三年、放眼五年"的培训计划，为企业可持续发展培育人才。

全面加大竞争性选拔和干部交流力度，累计选拔任用干部 14 批，共 85 人次，其中调整 43 人次，提拔 42 人次，干部选拔任用工作满意度均达到 100%。2 名员工入选 2011 年南方电网公司优秀年轻干部培训班并得到上级提拔任用，3 名员工入选广西电网公司优秀干部培训班。2012 年 1 月对中层干部进行轮岗培养，调整 18 名中层干部，交流面达 64.3%。目前全局中层干部 34 人，35 岁以下年轻干部 22 人，平均年龄 35.7 岁，同时建立了 5 名副处级、20 名科级后备干部梯队。

贯彻"大培训"思路，设立培训日，创立贺供大讲堂，先后建成继电保护培训室和输配电技能培训基地。积极派送员工到公司总部、兄弟供电局跟班学习培训，四年

贺州供电局开展技能比武活动

来累计达 1516 人次。员工平均受训学时连续三年超过 150 学时，全员培训覆盖率 100%。2011 年，在公司安全知识考试中全员满分、并列第一，在公司输电技能人员素质测评中，素质潜能以平均分 71.5 分排名第一。

五年来一直保持"零案件"、"零投诉"的双零目标，连续 5 年获得广西电网公司党风廉政责任制考核满分的好成绩。

强化党的建设，企业文化成绩显著。广西电网公司贺州供电局党委积极开展深入学习实践科学发展观、为民服务创先争优活动，全力抓好基层党组织建设，深化"幸福贺供"建设，全局浓郁的"家"氛围逐步形成。

全局现有党员 105 名，党员和积极分子占全局员工 62.64%，连续二年党员先进性测评得分全部党员达到优秀。为民服务创先争优工作得到自治区党委组织部调研组"业绩好、形象好、宣传好"的高度评价，

贺州市委组织部以"争创一流电网企业、争创一流服务大使、争创一流党组织"、"三争创"为题在全市创先争优简报上进行了介绍。

始终坚持"以人为本"理念，组织举办家属联谊会、家属看电网、亲人亲情促安全等活动，特别是连续三年中秋佳节以党、政、工、团名义给员工家属寄送月饼并得到家属的普遍认同。推行员工辅导计划，举办"幸福南网"和"修德行、负责任、守规则"主题讲座。在贺州市感恩教育暨国学进万家道德讲堂现场经验交流会上作了《弘扬国学经典，建设和谐企业》的交流发言。创新推行向离局员工颁发《感恩证书》，激发员工干事创业热情。成功组织举办了20对新人"情系南网·缘定今生"集体婚礼，引起公司上下、社会各界的的普遍关注。南方电网报以《幸福有方——贺州供电局以"家文化"凝聚人心》专版报道广西电网公司贺州供电局建设"幸福南网"成效。

构建了网络、平面、广播电视全方位立体宣传格局，连续三年冠名举办"广西电网公司贺州供电局杯"贺州城市定向大赛，五年来1900

贺州供电局为职工举办集体婚礼

多篇新闻报道被新华网、广西日报、中国电力报、南方电网报等主流媒体和公司网站采用，贺州日报、贺州电视台等地方媒体报道该局新闻460多条，南网品牌在桂东大地深入人心。

回顾历史的每一个节点，贺州供电局始终把企业的发展与贺州的发展紧紧连在一起，始终践行"主动承担社会责任，全力做好电力供应"的公司使命，抓住机遇，绘就了一幅追求梦想、阔步前行、敢于超越的时代画卷。

万家灯火，南网情深。在全市大力实施"工业立贺、富民强市"战略，全力推动工业化、城镇化和农业现代化的进程中，贺供人将继续秉承"辛苦我一人，点亮千万家"的南网精神，以更加饱满的热情，更加昂扬的姿态，更加矫健的步伐，向着新目标迈进，创造更加辉煌灿烂的明天！

五、信息赢未来——中国移动贺州分公司

中国移动通信集团广西有限公司贺州分公司（以下简称贺州移动）于2009年5月升格为市级公司，现有员工500多名，下辖4个分公司、12个部门，目前客户超越一百万，收入向五个亿迈进，成为贺州通信行业的主导运营商和协助当地政府推进贺州社会经济信息化发展的主力军。

2012年，在贺州市委、市政府等各级党政部门、社会各界的关心帮助下，贺州移动通过推进"十件实事"献礼贺州建市十周年专项工程，创新服务模式，积极承担企业责任，企业发展迈上新台阶。运营收入、市场份额等经营指标排全区前列，公司规模实现破位争先，综合业绩位居全区第8位；投入近2个亿资金开展通信设施建设，目前基站近2000个，服务网点超2000个。作为唯一一家全额在贺州纳税的通信运营商，全年纳税近4000万元。成功打造了"电子政务外网"、"公安局短信评警系统"、"故乡是黄姚、蝴蝶歌县庆彩铃"等信息化精品项目。

积极切入"建设社会主义文化强国"的时代主题，举办孙敏海派玉雕讲座、马未都玉石文化专题讲座、孙家良微观经济理论与企业经营策略讲座、全球通 VIP 羽毛球大赛等活动，为贺州文化大发展大繁荣推波助澜。

2012 年 12 月 11 日，全球通 VIP 大讲堂之马未都玉石文化专题讲座在贺州市举办

作为贺州信息产业主导运营商，2013 年，贺州移动将立足自身信息技术与服务优势，推出"139 信息服务工程"，继续成为值得信赖的数字生活伙伴。"139 信息服务工程"即围绕一个目标：信息筑未来，和谐共发展；强化三个抓手：更丰富的信息化应用、更卓越的客户服

2012 年 9 月 1 日，贺州最大手机卖场中国移动香港城智能手机广场盛大开业

务、更全面的责任履行；推进九项工作：助力社会发展、建设数字贺州、推动信息助工、推动信息惠农、保障责任通信、创新服务模式、助建文化贺州、倡导绿色环保、热心公益事业。

助力社会发展。收入超 5 亿，税收超 4000 万元，为"富裕贺州"建设做出更大贡献；联合贺州学院等高校继续做好大学生就业实习基地推广，充分发挥自身优势，开展"MM 百万青年创业计划"，提供就业信息服务，直接间接创造就业岗位 1 万多个。

建设数字贺州。根据中国移动广西公司与贺州市人民政府签署的"无线城市"战略合作协议，公司通过打造贺州电子政务外网、平安钟山、平安昭平等精品项目，率先启动了"无线城市"建设。继续推进"无线城市"建设，实现"一站式"政务办公服务、"一揽子"民生信息服务、"一键式"便民生活服务，助力"数字贺州"建设。一是向政府、制造、电力、金融、教育、农业、交通物流、商贸等领域提供包含基础通信、办公管理、生产控制、营销服务于一体的信息化综合服务。二是加快实现包括本地优惠信息聚合平台、公积金、医保、水电费查询、智能交通、违章信息查询、电影查询订票等便民服务功能在内的无线城市建设，使"数字贺州"真正融入市民生活。

推动信息助工。围绕"工业立贺、富民强市"发展思路，公司将继续贯彻落实与贺州工信委签署的"中小企业移动信息化服务和应用战略合作框架协议"，以"贺州千家中小企业成长工程"为载体，致力在中小企业信息化应用、信息化知识普及和推广、信息化技术支持、信息化示范基地建设、实用技术合作、信息化成果展示等方面做出更大贡献，陆续为贺州 800 多家中小企业量身打造信息化解决方案，促进贺州新型工业化发展。

推动信息惠农。公司将本着"助农、惠农"的服务宗旨，向农村客户实施"中国移动惠农工程"，一是打通"通信路"，建立农村网络信号覆盖日常维护制度，为农民朋友提供优质网络服务。二是拓宽"资讯路"，通过中国移动"惠农信息服务站"，帮助农民朋友了解农科、政策、气象、致富等内容，搭建致富桥梁。三是铺平"服务路"，大力推广"惠农网"优惠资费，降低农民通信成本。

保障责任通信。在目前贺州所有行政村及道路均实现 2G 信号 100% 覆盖、市区所有区域及县城核心区域实现 3G（TD）信号覆盖、50 个重点乡镇及 120 个城市小区具备了宽带快速接入能力的基础上，继续投资 1 亿多元开展网络建设优化，率先启动 4G 网络建设，推进 GSM（2G）、TD（3G）、WLAN、LTE（4G）四网协同规划建设，重点响应国家"宽带中国战略"号召，整合语音、终端、宽带等产品资源，实施宽带提速工程，全面打造一站式家庭业务服务。公司还将以高度的社会责任感，完善通信保障预案，实施系列演练活动，为贺州灾期、汛期、重大活动提供优质移动通信保障。

创新服务模式。通过开展"为民服务创先争优"活动，精心打造"中国移动服务领先优势"。一是打造便民优质的服务渠道。在目前公司已建成 2000 多个各级渠道，2 个新一代营业厅、6 个大型自有手机卖场基础上，2013

2012 年 9 月 13 日，贺州移动联合市工业和信息委员会开展贺州市通信与信息综合应急演练

年将打造含一百多种 3G 智能手机的手机销售基地和前沿数据业务应用基地。二是提升优质服务水平。以提升产品质量为切入点，狠抓资费套餐、服务质量管理，完善服务执行监控体系，全面提升客户满意度。三是进

一步深化服务内容。扎实推进20项"为民服务创先争优"举措，从网络质量、资费服务、透明消费、窗口服务及信息安全五方面

2012年6月20日，贺州移动与贺州学院正式签订战略合作框架协议

为客户提供最佳服务体验。

助建文化贺州。公司成功打造了集企业文化、贺州地域文化、中国传统文化三大文化元素及信息化体验于一体的"4G体验中心"，通过举办书法艺术交流展暨交流笔会，共接待了包括奥运冠军王励勤、李晓霞在内的4000余名客户。公司将持续推进"4G体验中心"文化内涵提升，促使体验中心成为贺州文化交流地、企业家交流沙龙、集团单位联谊场所。同时，继续举办各界知名人士专题讲座、全球通VIP系列主题活动，组织元宵送汤圆、中秋送月饼、春节送春联等活动，为推动贺州文化大发展大繁荣推波助澜。

绿色环保行动。履行绿色发展承诺，致力于带动各界助建贺州环保大业。一是通过139说客、微博、彩信、飞信等方式积极参与节能行动，使得节能减排知识、理念和成果深入人心；二是通过积极从企业内部推进技术改善、技术创新等手段，如致力提升节能基站建设等实现节能减排；三是通过不断创新的个人及行业信息化应用如电子化办公、"视频会议"等，为引导建立更加低碳环保的消费和生活方式、促进经济发展方式的绿色转变做出积极探索。

热心公益事业。积极履行优秀企业公民职责，投身社会公益事业，

在爱心送考、抢险救灾、捐资助学、关爱弱势群体、关爱留守儿童、无偿献血等方面做出更大贡献，以实际行动推动"和谐贺州"建设。

今后，公司将把学习贯彻党的十八大精神与促进地方经济发展、推进公司战略转型紧密结合，致力于提高贺州整体信息化应用水平和群众信息化生活品质，努力实现经济、社会、企业和谐发展。

六、医者仁心——广济医院

贺州广济医院位于八步区城西路 33 号，其前身是创建于 1951 年的平桂工人医院，现有职工 687 人，是综合性二甲医院，城镇职工、城镇居民、新农合定点医疗机构，贺州市 120 急救中心下属的急救站。

广济医院于 1995 年 4 月 27 日开业，原名为"中港合资贺县广济医院"、"中港合资贺州市广济医院"，曾用名"广西贺州市广济医院"、"贺州市广济医院"，2009 年 3 月变更为"贺州广济医院"。2000 年 5 月九层楼高的住院部投入临床医疗服务，2000 年 12 月医院通过卫生部二级甲等医院评审验收，从此医院等级迈上了新的台阶。2003 年 8 月，医院的上级单位平桂矿务局因资源枯竭、政策性关闭破产，关闭破产前广济医

贺州广济医院全貌

院被整体移交给贺州市人民政府代管。2005 年 9 月由公立医院改制为非公有制医院。

　　至 2013 年 3 月底，医院开放病床 501 张，在职员工 666 人，其中卫生技术人员 549 人，占全院总人数 82.43%，具有中级职称 158 人，高级职称 16 人。大专及以上学历人数 378 人。医院设置有内一科、内二科、内三科、外一科、外二科、骨一科、骨二科、重症医学科、手术室、产科、妇科、五官科、急诊科、儿科、新生儿科等 15 个临床科室，检验科、病理科、输血科、放射科、药剂科、功能检查科（心电图室、B 超室）、体检中心等 7 个医技科室，院办、党办、医务科、护理部、质控科、院感科、预防保健科、财务科、客服部、策划部、后勤中心、采购部、人事科、新农合医保办、保卫科等 15 个行政后勤职能科室。

　　贺州广济医院是广西目前规模最大的非公有制、非营利性医院。

　　医院在 2009 年开始便已打造成为贺州市首家"数字化医院"，并在当年开通使用门诊一卡通。现在医院主要医疗设备有 0.5T 磁共振、德国产西门子双排螺旋 CT

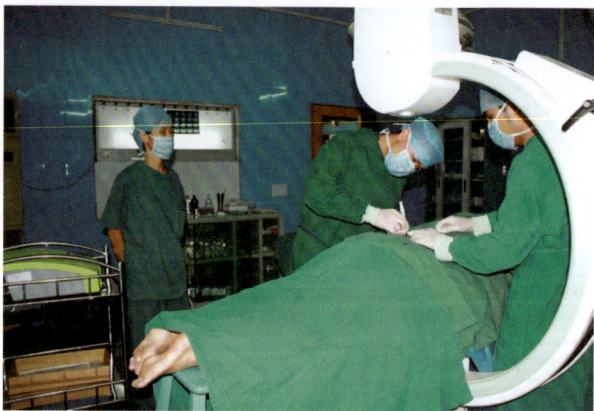

贺州广济医院应用先进 C 型臂开展腰椎间盘突出症微创治疗术

机（计划购进多排 CT）、直接数字化影像诊断机（DR），意大利产移动式 C 臂 X 光机，日本产 500MA 遥控 X 光机，德国产费森尤斯血透机，奥林巴斯胃镜、肠镜，美国产麻醉机，美国产经颅多普勒血流诊断仪，韩国产麦迪逊 ACCUVIX-XQ 实时三维彩色 B 超，耳鼻咽喉电子内窥镜，钴 60 肿瘤治疗机及与之相配的深部 X 线机、模拟定位机，钬激光碎石

贺州广济医院医疗队免费"送医送药"进五保村

系统、体外电磁波碎石机、椎间盘超氧治疗仪、纤维鼻咽喉镜、低温等
离子消融治疗系统、双人耳鼻喉治疗台、电子支气管镜、全自动生化分
析仪、全自动毛细管电泳仪等，多参数心电监护仪，血尿自动分析仪等，
可满足一般病人和特殊病人的诊疗需要。为更好地诊断治疗肿瘤病人，
现正计划购进直线电子加速器。医院资产总值逾亿。

　　医院依靠各类人才和医疗设备，可以开展普外、脑外、胸外、骨外、
泌尿外科、绒癌综合治疗、宫颈癌广泛清扫和头面部肿瘤的手术、眼眶
内肿瘤摘除术以及人工晶体置换、肿瘤的放疗、化疗、经皮腰椎间盘突
出症吸切术、脊柱矫形术、四肢关节置换术、急、慢性肾炎、糖尿病、
结石病、复杂性肛漏手术、肝、肺动脉栓塞的治疗等，年完成手术病例
近 7000 台次。全院医疗医技科室能完成"二甲"规定的 250 项医疗技术
项目，部分技术项目可达到"三甲"医院技术标准水平。

　　广济医院秉承"救死扶伤，广济于民"的办院宗旨，全心全意为病
人为社会提供优质服务，为人民群众的健康提供更好的保障，医疗和服
务质量在贺州市三县两区和湘、粤、桂周边县市有着良好的社会声誉，"广

济"有着很好的知名度和影响力。

近几年来，广济医院获得了很多荣誉称号。2009 年——2010 年，医院被评为广西区全区社会组织深入学习实践科学发展观活动先进单位、在贺州市组织工作创新活动中荣获优秀奖；医院党总支被贺州市卫生局党委评为市卫生系统先进基层党组织；先后有 10 人次被贺州市政府、市卫生局授予十佳医生、全市卫生工作先进个人、优秀党务工作者、优秀共产党员等荣誉称号。累计有 43 人次分别获得了市政府、市卫生局和医院行政、党委授予的各种荣誉称号；2011 年先后被贺州市卫生局党委、贺州市委、广西区卫生厅授予"先进基层党组织"称号；2012 年 3 月被贺州市平桂管理区总工会授予"双爱双评先进集体"称号；2012 年 4 月被贺州市卫生局授予"优质护理服务先进单位"荣誉称号、5 月被贺州市总工会授予"工人先锋号"荣誉称号。2012 年度，余小宝被评为全国最具惠民精神基层医院院长，张长松被评为贺州市十大经济风云人物；李大亮同志被授予贺州市劳模称号、并被评为全国、全区医药卫生系统创先争优先进个人，这是医院开业以来所获得的最高荣誉称号。

贺州广济医院表彰行风建设先进集体及个人

贺州市举行建市十周年总结大会

（原标题：贺州市建市十周年总结大会昨举行）

　　本报讯　（记者刘新轩）岁月峥嵘，十年风雨兼程铸辉煌；沧桑巨变，十年艰苦创业展新颜。昨天上午，贺州市建市十周年总结大会在市传媒中心召开，来自全市各族各界1000多名干部群众代表隆重集会，共同回顾贺州市建市十周年的发展历程，分享十年发展成果，展望美好前景。

　　自治区党委原常委、秘书长、自治区人大常委会原副主任邱石元，自治区人大常委会原副主任邵博文，自治区政府原副主席陈仁、自治区政府原副主席奉恒高、自治区检察院原检察长丘栋霖，全国供销总社监事会原副主任黄进以及曾在梧州、贺州地区工作过的厅级老领导、贺州籍厅级老领导、特邀嘉宾，市党政军领导彭晓春、白希、杨声东、韦丽萍、莫诗浦、石克仁、潘志金、陆海平、刘雪萍、覃黎魁、迟威、潘鸣、廖成明、王振义出席大会，与干部群众代表一起共同庆祝贺州市建市十周年。

贺州建市十周年总结大会会场

披上节日盛装的市传媒中心，彩旗招展，花团锦簇，洋溢着喜庆的气氛。会场四周悬挂着"紧密团结在以习近平同志为总书记的党中央周围，加快建成小康社会"、"认真贯彻党的十八大精神，加快建设富裕文明和谐幸福新贺州"、"弘扬贺州精神，建设美丽贺州"等大幅标语，气氛喜庆热烈、振奋人心、催人奋进。

上午 8 点 30 分，市长白希主持总结大会并宣布大会开幕，全场奏唱中华人民共和国国歌。

在热烈的掌声中，市委书记、市人大常委会主任彭晓春发表讲话。他代表市委、市人大、市政府、市政协向莅临大会的领导、嘉宾和朋友表示热烈欢迎；向全市各级干部和广大人民群众表示亲切慰问；向长期以来关心、支持贺州建设发展，为这片热土奉献智慧、倾注心血的历届领导、各界朋友和全市劳动者、建设者致以崇高敬意。

彭晓春说，2002 年，国务院批准贺州地区撤地建市，从此开启了贺州历史新纪元，翻开了贺州发展新篇章。十年来，在自治区党委、政府的坚强领导下，历届市委、市政府深入贯彻落实科学发展观，团结带领全市各族人民励精图治、开拓进取，奋力闯出了一条符合市情实际、具有贺州特色的科学发展路子，圆满完成了"搬好一个家，建好一座城"的历史使命。今日的贺州正加快从传统农业市向新型工业化城市、从不沿边不靠海的广西"交通末梢"向桂粤湘区域性交通枢纽、从"县级市"向区域性中心城市、从广西"省尾"向承接东部产业转移的开放前沿转变，一个充满生机活力、昂扬向上的新贺州正在桂东大地上崛起！

彭晓春说，波澜壮阔十年路，风雨兼程万众行。贺州建市的这十年，是贺州经济快速健康发展、综合实力持续提升的十年；是贺州发展格局发生重大变化、发展环境日益改善的十年；是贺州人民生活持续改善、城乡面貌日新月异的十年；是贺州文化事业全面发展、精神文明建设成果丰硕的十年；是贺州人居环境明显改善、生态文明建设取得显著成果的十年；是贺州党的建设科学化水平不断提升、民主政治建设稳步推进的十年。

彭晓春说，事非经过不知难，蓦然回首总关情。我们忘不了，历届自治区党委、人大、政府、政协领导心系贺州、关怀贺州的博大情怀；忘不了国内外友好城市、区直各部门和各兄弟市关心贺州、帮助贺州的深厚情谊；忘不了历届市四家班子领导和全市各族人民风雨同舟、攻坚克难创下的辉煌业绩；忘不了政企军地和衷共济、团结协作，为推动贺州发展做出的巨大努力；忘不了广大干部职工埋头苦干、艰苦创业，为加快城市发展、增进人民福祉贡献的青春和智慧；忘不了众多贺州籍人士积极为家乡建设牵线搭桥、献计出力的赤子之情。

彭晓春说，十年的拼搏奋斗，十年的艰辛探索。我们不仅创造了物质财富，也积累了弥足珍贵的经验：必须始终坚持越是后发展欠发达越要科学发展；必须始终坚持越是后发展欠发达越要解放思想；必须始终坚持越是后发展欠发达越要加强生态文明建设；必须始终坚持越是后发展欠发达越要注重保障和改善民生；必须始终坚持越是后发展欠发达越要发挥党的政治优势。这些体会是全市上下在科学发展实践中达成的普遍共识，是我们对后发展地区加快发展的规律性认识，更是今后应该坚定不移、长期坚持的成功经验。

彭晓春说，当前的贺州，已站在了一个更高更新的历史起点上，正处于一个大有可为，也必将大有作为的黄金发展期。在新的历史时期，我们要坚持以党的十八大精神为指引，紧紧围绕市第三次党代会提出的奋斗目标，大力弘扬贺州精神，坚持将生态文明放在突出位置，以"两型"社会建设为抓手、以发展生态经济为导向、以优化生态环境为保障、以弘扬生态文化为动力，加快推进生态文明建设，努力打造一个繁荣富庶、和谐安宁、政治清明、人文丰厚、山川秀美的美丽贺州，奋力实现与全国全区同步全面建成小康社会的宏伟目标。十年后的贺州天会更蓝，水会更绿，空气会更好，社会更加和谐安宁，人民生活更加美满幸福。我们全市各族人民就是要有这样的雄心壮志，就是要有这样的自强自信。

彭晓春说，十年春光贺新喜，而今迈步从头越。建市十周年，是贺州发展史上的重要里程碑，也是我们续写辉煌的新起点。我们坚信，有党中央、国务院和自治区党委、政府的坚强领导，有社会各界的鼎力支持，勤劳勇敢、自强不息的贺州人民必将在全面建成小康社会的征程中，再创新业绩、再铸新辉煌，一个富裕文明和谐幸福的美丽贺州必将以更加开放、更加进步、更加靓丽的崭新形象展现在世人面前！

自治区党委常委、常务副主席、贺州市首任市委书记黄道伟近日深入贺州市考察调研回邕后，赋诗一首感言贺州建市十周年。

中国有色矿业集团有限公司总经理罗涛、党委书记张克利，自治区民政厅厅长、贺州市原市长陈利丹，自治区农业厅厅长张明沛以及中国联通广西分公司等单位和个人，也纷纷向我市建市十周年发来贺电、贺信。

会上，自治区老领导陈仁、贺州离退休老领导李兆生、市民代表曾婷婷分别作了发言，畅谈贺州建市十年来的变化和感受。大会还表彰了为贺州市发展建设做出积极贡献的 10 个先进集体、60 名先进个人以及 50 名文明市民标兵。

市四家班子领导孙克坚、李国强、吴泽荣、黄金文、蒋藤庆、刘国学、闭海东、初阳、夏振林、黄志光、李冠华、贝小燕、丁枚周、高了华、唐玉梅、奉金年、黄少雄，市直、中直和区直驻贺单位主要负责人、各县（区、管理区）四家班子领导成员，以及受表彰的先进集体和个人、全市各族各界代表出席了大会。

（摘自 2012 年 12 月 19 日《贺州日报》）

感叹贺州巨变　更寄殷切期望

——老领导在贺州市召开的新贺州新发展座谈会上建言献策

本报讯（记者曾志　覃秋零　李岸群　刘新轩）昨天下午，应邀出席贺州市建市十周年总结大会的自治区离退休老领导和曾在梧州、贺州地区工作过的厅级领导深入贺州市城建总指挥部、城东新区、贺州高中迁建工程项目工地、市传媒中心等地进行参观考察后，还参加了贺州市在传媒中心召开的新贺州新发展座谈会。

自治区党委原常委、秘书长、自治区人大常委会原副主任邱石元，自治区人大常委会原副主任邵博文，自治区人民政府原副主席陈仁、奉恒高，自治区人民检察院原检察长丘栋霖和市党政军领导彭晓春、白希、杨声东、韦丽萍、莫诗浦、石克仁、潘志金、陆海平、刘雪萍、覃黎魁、迟威、廖成明、王振义、刘国学、闭海东、初阳、夏振林、黄志光以及各县（区、管理区）党政主要领导、市直相关单位负责人出席座谈会。

"贺州能有今天的发展局面和态势，主要得益于自治区党委、政府的正确领导，也得益于各位老领导多年来对贺州改革发展的关心和支持。"座谈会上，市委书记、市人大常委会主任彭晓春首先向一直以来关心、支持贺州建设发展的上级领导和各界人士表示衷心感谢。他简要介绍了贺州市建市十年来经济建设、政治建设、社会建设、生态文明建设和党的建设情况。彭晓春说，我们举行新贺州新发展座谈会，旨在请各位老领导和同志们为贺州加快发展把脉开方，提出真知灼见，为加快贺州今后发展建言献策。彭晓春说，经过十年的不懈努力，贺州各项建设虽然取得了较大成绩，但与先进地区相比还存在很大差距，主要体现在经济总量小、经济结构不够合理、缺乏大产业支撑等。市第三次党代会对加快循环经济发展作了全面部署，按照把贺州建成"全国循环经济示范区、广西新兴工业城市、桂粤湘区域性交通枢纽、华南生态旅游名城"的发展定位，路子走对了，而且取得了阶段性实践成效。贺州将按照这条路子坚定不移地走下去，全力推动贺州更好更快发展。

如何缩小贺州与先进地区的发展差距、切实加快发展步伐？与会的自治区老领导在座谈会上积极为贺州发展建言献策。他们认为，当前，贺州已处在新的起点上，进入了加快发展的黄金机遇期，进入了转型发展的关键时期，务必立足区位、交通、资源等优势，加快东靠步伐，大力承接产业转移，充分利用好党和国家各项支持西部地区城市发展的政策，抢抓机遇、真抓实干，全面加快自身发展。

邱石元作发言时说，他虽然离开贺州远在南宁工作生活，但他一直是心系贺州、关注贺州，与贺州有着难以割舍的情感。贺州建市十年来，经济社会建设取得了巨大成就，每一次来贺州都可以看到新变化，特别是近三年来，市委市政府致力于推进循环经济发展，城乡面貌焕然一新，取得的成就令人振奋。尤其是参观了城东新区后，看到那里项目建设热火朝天，随着城东新区、绿洲家园和贺高迁建工程的加快建设，不久的将来，这些市政项目必将成为贺州城市建设的靓丽名片。他希望贺州市进一步加大改革发展力度，坚持以科学发展观为指导，深入贯彻落实党的十八大精神，大力推进循环经济发展，切实加快城市建设步伐，进一步加强民生建设，不断提高人民群众的幸福指数。

1970 年，邵博文大学毕业后就分配到贺州工作，在贺州工作了 20 多年，他把自己的青春年华奉献给了贺州，贺州是他的第二故乡。他说，这次回到贺州，看到贺州发生了翻天覆地的变化，特别是交通建设取得了空前成效，结束了贺州没有铁路、没有高速公路的历史，为贺州的巨变感到由衷的高兴与自豪。他说，十年来，贺州经济快速发展，人民生活水平日益提高，社会稳定和谐，成绩来之不易。邵博文说，贺州拥有优越的区位优势，也有其独特的发展优势，发展前景十分广阔。他希望贺州市干部群众继续发扬求真务实、脚踏实地、真抓实干、艰苦奋斗和自力更生的精神，艰苦创业，争取更大成绩。他说，贺州虽然有其优势，但仍然比不上沿海地区，必须立足当地实际，找准定位，发挥好自身优势，真抓实干才能夺取更大成绩。党的十八大提出了全面建成小康社会的奋斗目标，为贺州今后加快发展绘制了一幅美好蓝图，贺州要再接再厉，朝着既定目标奋勇前进、加快发展，贺州的明天一定会更加美好，全市人民一定会更加幸福安康。

奉恒高发言时说，他作为贺州人，在贺州工作了 21 年，尽管远在他乡工作，但对家乡一直牵挂在心。每年回贺州都可看见发展新变化，令人感到十分欣慰。2002 年建市之初，贺州的财政收入只有 6 亿元，如今已达 32 亿元，说明了贺州发生的巨变。全市农民的生活水平也越来越好，人民群众幸福感不断提升，社会和谐安定，这些变化给人深刻感受与印象。他说，经过多年的不懈努力，当前，贺州已经进入发展的快车道，原来以农业为主，现在实现了经济结构的转型升级，走出了一条新型工业化发展道路，开创了循环经济发展先河，这是可喜可贺的。奉恒高对加快贺州经济社会发展寄予厚望，他说，贺州建市晚、基础差，要实现与全国同步建成小康社会的目标，还需要付出很大的代价与努力，但只要按照党的十八大既定目标努力奋斗，必定会取得更大成就。他希望贺州市结合当地实际，强化工作落实，推动科学发展。他建议贺州市充分利用好现行的党的各项扶持政策，以革命老区等优惠政策来促进地方经济发展。要注重利用好扶贫政策，争取更多的项目资金支持和国家的政策扶持。要立足民族地区优势，加强民族地区团结进步建设。同时也要充分利用移民政策，争取国家资金支持和进一步加强民族地区干部的培养。

陈仁说，通过深入项目工地参观后，感觉到贺州近几年来不是一般的变化，而是巨变。看到贺州发展很快，心里感到非常高兴。贺州发展循环经济和大力实施城市建设大会战，这充分说明贺州市委市政府作出的发展决策是正确的，是符合贺州实际的，建市十年来，全市各项经济指标成倍增长，十分振奋人心。他说，由于贺州经济总量小，要实现全面建成小康社会，别人走一步，贺州就要走两步，因此，贺州的各级领导干部要认识到这点，一定要真抓实干，必须以只争朝夕的干劲，在现在的发展速度上再加一把劲，力争又好又快发展，到 2020 年实现与全国全区同步建成小康社会的目标就不成问题了。

"空谈误国，实干兴邦。数风流人物，还看今朝，贺州的明天要靠同志们的真抓实干！"老领导们的一席话，博得了贺州市与会全体领导干部的阵阵掌声。

（摘自 2012 年 12 月 19 日《贺州日报》）

党中央、国务院殷切关怀暖贺州

——中央电视台"心连心"艺术团到贺州市慰问演出

"心连心"艺术团走进贺州慰问演出现场

本报讯 （记者毛姗姗）满载着党中央、国务院对贺州人民的殷切关怀，昨天上午，中央电视台"心连心"艺术团以"幸福山歌·美丽中国"为主题，在贺州市灵峰广场举办了一场精彩的文艺慰问演出，让贺州广大人民群众饱尝了一道丰盛的文化艺术盛宴。

市领导彭晓春、白希、杨声东、韦丽萍、莫诗浦、石克仁、潘志金、陆海平、刘雪萍、覃黎魁、迟威、潘鸣、廖成明和贺州市干部群众5000多人观看了演出。

此次慰问演出是中央电视台"心连心"艺术团今年全国巡回慰问的收官之站，同时也是宣传贯彻党的十八大精神的开篇之作。演出由中央电视台著名节目主持人张泽群、欧阳夏丹、李思思主持。观众熟悉的明星蒋大为、孙悦、尹相杰、张也、范明等内地明星和香港明星吕良伟等亮相现场。

慰问演出在中国人民解放军总政歌舞团独唱演员阿鲁阿卓演唱的激昂喜庆歌舞《幸福山歌·美丽中国》中拉开帷幕。随着演员们的陆续登场,《大地飞歌》、《最美丽的歌儿唱给妈妈》、《万水千山总是情》、《边疆颂歌》等一首首耳熟能详的歌曲,引起了观众的激情互动,特别是"加油,贺州!"、"胜利,贺州!"激昂、奋进的歌声,振奋人心,催人奋进。和唱声、喝彩声和掌声一浪高过一浪,把现场气氛推向了高潮。

此次演出舞台设计以壮乡铜鼓为背景,节目在结构上设计新颖,表演融入贺独有的长鼓舞、蝴蝶舞等瑶族传统文化元素,当地1000余名群众演员参与其中,整场表演充满浓郁的贺州地方特色。记者了解到,本次慰问演出设有主会场和小分队,艺术家们前往黄姚古镇、富川秀水状元村两地,深入县乡基层表演,在内容上也推陈出新,将文艺性和新闻性融为一体,在观众中寻找"幸福"的答案,让"心连心"主题贯彻得更加真诚、更加贴近基层、更加贴近群众。

"心连心"慰问演出是贺州市首次承接的央视大型文艺演出,标志着贺州市文化艺术事业发展的突破,更为广大市民群众献上了一场文化的饕餮盛宴。本次活动选择在后发展欠发达的贺州演出,满载着党中央、国务院对贺州市233万各族人民的殷切关怀,也为贺州市今后加快发展、推进美丽贺州建设鼓劲加油。

(摘自 2012 年 12 月 19 日《贺州日报》)

回顾风雨历程　展望美好未来

——领导嘉宾欢聚一堂分享贺州建市十周年新成就

本报讯　（记者汪永虎）昨天中午，前来参加贺州建市十周年纪念活动的各级领导、嘉宾欢聚一堂，共同回顾贺州 10 年来走过的风雨历程，共同分享贺州 10 年来取得的新成就，共商贺州未来发展大计。

自治区党委原常委、秘书长、自治区人大常委会原副主任邱石元，自治区人大常委会原副主任邵博文，自治区原副主席陈仁、奉恒高，自治区人民检察院原检察长邱栋霖，全国供销总社监事会原副主任黄进及曾在贺州工作过的厅级领导、贺州籍厅级领导、特邀嘉宾与市领导彭晓春、杨声东等市四家班子领导一起座谈、共话发展。

市委副书记莫诗浦在致辞时说，贺州建市 10 年来，开创了科学发展跨越发展新局面，这是党中央、国务院和自治区党委、政府各级领导关心支持的结果，是历届市委、市人大、市政府、市政协领导班子团结拼搏的结果，是贺州各族人民共同努力、社会各界鼎力相助的结果。从今天起，贺州已站在新的起点上，将沿着科学发展道路朝着全面建成小康社会目标阔步前进。作为后发展欠发达地区，贺州要实现既定目标，需要全市上下不懈的努力，也需要各级领导及嘉宾一如既往的支持和帮助。他希望各位领导和嘉宾更加关心贺州、支持贺州。

（摘自 2012 年 12 月 19 日《贺州日报》）

科学发展的路子越走越宽广

——写在贺州市成立十周年之际

中共贺州市委员会　贺州市人民政府

今年 12 月 18 日，是贺州市成立 10 周年。10 年来，在自治区党委、政府的坚强领导下，在科学发展观的指引下，历届市委、市政府团结带领全市各族人民，解放思想，开拓进取，求真务实，奋力闯出了一条符合市情实际、具有贺州特色的科学发展路子，正有力推动贺州从传统农业市向新型工业化城市、从不沿边不靠海的广西"交通末梢"向桂粤湘区域性交通枢纽、从相对封闭"省尾"向开放合作前沿的三大历史性转变，谱写了科学发展的崭新篇章。

——经济建设实现历史性跨越。10 年来，我们坚持以科学发展观统领改革发展全局，牢固树立越是后发展欠发达越要科学发展、加快发展的理念，把发展循环经济作为扩大经济总量、加快发展方式转变的主攻方向，着力打造贺州华润循环经济示范区等六大产业园区，培育壮大电力、林产等五大支柱产业，全力推进新型工业化、城镇化和农业现代化同步提升，经济结构不断优化，质量效益明显提高，综合实力显著增强。2011 年，全市地区生产总值、全社会固定资产投资总额、财政收入分别比 2002 年增长 2.2 倍、36.3 倍、4.3 倍；园区经济从无到有并实现了产值占全部工业总产值的 55.9%，主导产业、支柱产业占规模以上工业总产值的 78.1%，开启了大产业引领大发展的新格局。三次产业结构由 2002 年末的 38.6：27.8：33.6 优化为 22.1：46.3：31.6。开放合作步伐加快，桂东承接产业转移示范区上升为国家级示范区，贺州华润循环经济示范区获批为自治区级园区，华润、大唐、中铝、中色等一批知名企业进驻贺州，贺州已经成为广西面向粤港澳开放合作的前沿和承接产业转移的重要基地。城镇化进入快速增长阶段，城镇化率由 2002 年的 25.4% 提升到目前的 39%，中心城区面积由 20 平方公里增加到 32 平方公里。交通格局实现重大突破，结束了没有铁路和高速公路的历史，高速公路密度从零跃居全区前列，正加快融入南宁 3 小时经济圈和广州 2 小时经济圈。

——人民群众生活得到极大改善。10 年来，我们坚持越是后发展欠发达越要注重保障和改善民生，推动"强市"、"富民"与"福民"同步发展。建市以来，全市民生事业支出累计达 269.42 亿元，占财政总支出的 71.96%，解决了一批群众普遍关心关注的突出问题。"五保村"建设管理模式被国家民政部誉为"全国一面旗帜"，诚信计生、幸福计生工作得到国家计生委的充分肯定。农村特困户改造、乡镇村级道路建设等方面均居全区前列，累计消除 29.5 万农村贫困人口。就业再就业工作成效明显，城镇新增就业 13.6 万人，新增转移农业劳动力 34.1 万人，城镇登记失业率为 3.6%。2011 年，全市城镇居民人均可支配收入达到 17606 元，农民人均纯收入达到 4963 元，城镇居民和农民人均收入与全区平均水平基本同步。医药卫生体制改革稳步推进，新型农村合作医疗参合率达到 94.3%。全市城乡低保实现了应保尽保，社会救助能力显著增强。高等教育稳步发展，"两基"攻坚目标和职业教育攻坚计划胜利完成，总投资 6.7 亿元的城区教育基础设施建设大会战全面启动，在全区率先实现家庭经济困难学生资助"无缝衔接、全程覆盖"。全市新建保障性住房面积 229.4 平方米，解决了 2.8 万户城镇中低收入家庭住房难题。稳步推进"平安贺州"建设，全面推广"民警挂任村官"、"立体警务机制"等治安管理新模式，全市社会大局和谐稳定。

——民族优秀文化大发展大繁荣。10 年来，我们坚持越是后发展欠发达越要解放和发展文化生产力，努力推动文化与经济协调发展、同步提升。我们坚持用中国特色社会主义理论教育武装广大党员干部，不断增强走中国特色社会主义道路的自觉性和坚定性。深入开展社会主义核心价值体系教育，大力加强精神家园建设。探索制定"文化先进城"的创建标准和考核指标，大力实施"千村万户文艺惠民工程"，加快公共文化基础设施建设，建立和完善市、县、乡镇、村四级文化服务网络，积极推进城乡文化一体化发展，不断巩固扩大文化惠民成果，得到了中宣部领导的高度评价。深入开展"国学进万家"、"感恩教育"、"和谐在基层"活动，有效提升了市民思想道德素质和文化素养。切实加强民族文化的挖掘、传承与保护，着力打造瑶族文化、客家文化、民俗文化等特色文化品牌，目前贺州市拥有国家级代表性"非遗"项目4项，占全区国家级"非遗"代表性名录总数的11%。实施文化产业"五个一"工程，大力发展文化产业，其中印刷业总产值2011年达到8.3亿元，位列全区第四。大力发展文化旅游业，打造了莲塘客家围屋、黄姚古镇等一批文化旅游品牌项目。

——生态文明建设取得显著进展。10年来，我们坚持把生态文明建设放在突出地位，牢固树立生态文明理念，加大自然生态系统和环境保护力度，深入实施"绿满贺州、造林绿化"行动、贺江和城市空气"清新行动"、大力推进退耕还林、农村沼气等重点生态工程建设，努力走生产发展、生活富裕、生态良好的文明发展之路，取得显著成效。

目前，全市有林面积76.4万公顷，有姑婆山和大桂山2个国家级森林公园和5个自治区级自然保护区，森林覆盖率达72.16%，居全区第一，创建国家森林城市工作正加快推进。完成农村户用沼气池建设15万余座，沼气池入户率居全区首位。生态农业发展势头强劲，在全区率先建成了出口食品农产品质量安全示范区，建成国家级、自治区级农业生态旅游示范区11个，农业生态旅游园90个。建成标准化基地65万亩，通过无公害农产品地认定面积100.3万亩，获得无公害农产品、绿色食品、有机农产品认证的农畜产品45个，获得地理标志产品认证

4个，"三品一标"产品总量40万吨，基本实现农业生产无害化、产品营销品牌化，生态农业已经成为农民增收的新亮点。

——党的建设科学化水平全面提高。10年来，我们坚持越是后发展欠发达越要注重发挥党组织的政治优势，紧紧围绕提高执政能力、保持先进性和纯洁性，着力加强党的各项建设，党的建设科学化水平不断提高。扎实开展保持共产党员先进性教育、深入学习实践科学发展观、创先争优等活动，制定出台领导班子思想政治建设"1+6"文件，各级领导干部和广大党员的思想政治素质得到显著增强，涌现出了钟世才、植志毅等一批先进典型。推行"五位一体"学习制度，大力实施行动学习和县处级"一把手"培训工程，各级领导干部执政能力有效提升。创新制定实施干部人事制度改革"1+7"文件，推行"广推优选"等系列制度，选人用人公信度不断提高，全市组织工作满意度保持全区前列。制定实施"千名人才引进计划"，推行"公务雇员制"和柔性引进等方式引进急需紧缺人才，人才工作迈上新台阶。推出党员优化工程、新农村建设"铁耕模式"等一批基层党建品牌，基层党建活力显著增强。深入开展机关作风效能建设，大力开展"强作风、重落实、促发展"活动，营造了敢抓落实、狠抓落实、善抓落实的良好工作氛围。进一步健全完善惩治和预防腐败体系，严肃查处大案要案，党风廉政建设和反腐败斗争取得新成效。

十载砥砺前行，十年科学发展，成就来之不易，经验弥足珍贵。

——必须准确把握科学发展观蕴含的实践精神，始终坚持以科学发展的办法解决前进中的问题。发展是第一要务，是解决所有问题的关键。必须牢牢抓住经济建设这个中心，立足本地资源禀赋和产业发展实际，在更加注重提高质量和效益，推动发展与节能减耗、生态保护相协调，让老百姓得到更多实惠的基础上，充分发挥后发优势，敢于开发新的发展战略，探索新的发展途径，走高起点发展的路子，不断提高区域核心竞争力。

——必须准确把握科学发展观蕴含的人文精神，始终坚持将人民群众的利益放在第一位。不断满足人民群众的物质文化需要，是科学发展的本质要求。必须始终坚持将人民群众的利益作为衡量工作成败得失的最高标准，真正把人民群众的切身利益实现好、维护好、发展好，最大限度地凝聚起干部群众的智慧和力量，最大限度地把各方面的主动性、创造性引导到科学发展上来，形成推动科学发展的强大合力。

——必须准确把握科学发展观蕴含的和谐精神，始终坚持用统筹兼顾的方法实现协调发展。统筹兼顾是科学发展的根本方法。欠发达地区发展不平衡、不协调、不可持续的矛盾更加突出，任务更加艰巨，必须按照"五个统筹"的根本要求谋划全局，协调各方，抓住和解决牵动全局的主要工作、事关长远的重大问题，着力打开发展突破口，推动各项事业良性互动，全面、协调、可持续发展。

——必须准确把握科学发展观蕴含的理性精神，始终坚持从实际出发，实事求是、尊重客观规律。实事求是是科学发展观的精髓。必须始终坚持从实际出发，尊重客观规律，深入调研、深入基层、深入群众，及时发现新问题、总结新经验，加快建立形成有利于经济增长质量和效益快速提升、普惠于民、和谐发展、促进全面协调发展的体制机制，牢固树立正确的政绩观，自觉用求真的态度和务实的精神抓建设、促发展。

——必须准确把握科学发展观蕴含的创新精神，始终坚持不断解放思想，改革创新。解放思想、与时俱进是科学发展观的鲜明特色。必须坚持以解放思想、与时俱进为先导、以改革创新为动力，准确认识市情实际，深刻把握地方科学发展跨越发展的客观要求，妥善解决影响制约发展的深层次主要矛盾，抓住时机深化改革，不断创新发展理念、创新发展思路、创新发展举措，努力做到在思想上不断有新解放、理论上不断有新发展、实践上不断有新创造。

回顾历史，我们倍感欣慰，豪情满怀；展望未来，我们任重道远，信心百倍。只要我们紧密团结在以习近平同志为总书记的党中央周围，认真学习贯彻党的十八大精神，高举中国特色社会主义伟大旗帜，坚持以邓小平理论、"三个代表"重要思想、科学发展观为指导，深入实施"工业立贺，富民强市"、"大力发展循环经济，推动贺州科学发展跨越发展"等重大战略部署，加快推进生态文明建设，加快建设全国循环经济示范区、广西新型工业城市、桂粤湘区域性交通枢纽和华南生态旅游名城，贺州科学发展的路子一定会越走越宽广，一个崭新崛起的富裕文明和谐幸福的美丽新贺州必将展现在世人面前，贺州的明天一定会越来越美好！

（摘自 2012 年 12 月 18 日《贺州日报》）

十年塑一城

——贺州建市十周年经济社会发展述评

贺州 10 岁了！

十年砥砺前行，十载春华秋实。回眸贺州走过的 10 年，让人欣喜地发现，贺州的个头长大了，肌肉发达了，胳膊腿也壮实了。

10 年历程，在历史长河中不过是浪花一朵，而对个人与社会，却可以留下一段不可磨灭的印记；10 年贺州，总有一些难忘的画面在我们眼前浮现，总有一些灿烂笑容在我们身边绽放，见证那些我们曾经感悟过的点滴幸福。

10 年间，经济社会发展和身边变化，生活在这里的贺州人民看得见摸得着：

——圆梦时分，汽笛声声。2009 年火车通车时，人们奔走相告，搭上第一趟从贺州开出的列车，成为了许多人的荣耀，车票也成了"首日封"被珍藏起来。

"今天到火车站问了一下，不但明天到南宁的首发列车车票已全部售完，连 9 月 30 号，10 月 1 号到南宁的车票也全部售完！"一位名为"阿拉斯加的风"的网民遗憾地说。

是呀！这 10 年，给贺州人留下最深刻印象的事情莫过于铁路修到家门口的美好感受，高速公路拉近时空距离的神奇；随着洛湛铁路、桂梧高速路建成通车，贺州结束了无铁路、无高速公路的历史，南北贯通的粤桂湘交通枢纽主框架初步形成；广贺高速公路贺州段建成，贺州至广州缩短为 3 小时；贵广快速铁路贺州段建成，将把贺州完全纳入珠三角一小时经济圈和大桂林旅游圈；"五高三铁两江一机场"立体化交通网络的前景令人振奋。

——10年来，全市新开工项目、在建项目和推进前期工作项目是以往时期最多的！从2002年至2012年6月，全市全社会固定资产投资累计完成1898.8亿元，是贺州市一至九个五年计划完成投资总和的26.2倍，年均增长49.48%，投资呈现出产业结构投资优化、民间投资力度加大、内涵效益型投资加强、基础设施投资比重较大等特点。

——10年间，贺州市综合实力显著提高，发展的外部拉力和内部活力明显增强，工业经济生机蓬勃，农业产业化更显特色，城市更大了、更美了，特色文化品牌更亮了。

如果说，10年前"搬好一个家，建好一座城"是一张蓝图，是一腔热情，是一种承诺，如今，贺州人民以卓越的智慧和勤劳的双手，一砖一瓦地把一座生机勃勃的城市展现在了世人面前！

发展的成果由谁享？

坚持以人为本，推动科学发展，必须做到发展为了人民。

民生艰难处，为政发力时。

市委书记彭晓春如是说："贯彻落实科学发展观，必须顺应人民群众过上更美好生活的新期待，加大保障和改善民生的工作力度，要把民生优先作为贯穿全部工作的根本原则，像抓经济建设一样抓民生改善，像落实经济指标一样落实民生任务，努力走出一条民生带发展、民生促发展，人民群众积极性、主动性、创造性充分调动的共享发展成果的道路。"

贺州市把答案写在一项项政策措施和民心工程里，蕴含在民生的点滴变化中。确保发展成果更多更公平地惠及全体人民。民生，关乎我们每一个人；改善民生，10年点点滴滴的积累，汇成一江春水，惠泽千家万户；10年民生进程，改变着我们每一个人，让我们每天与幸福靠得更近一些……

——自2002年以来，在致力于发展经济的同时，把农村五保户供养工作作为构建社会主义和谐新农村的大事来抓。贺州市创新推出的五保村建设，被民政部誉为全国的"一面旗帜"，并获中国地方政府创新奖，为全区、全国五保供养体制建设提供了有益的参考和借鉴。

——10年来，农村交通设施建设突飞猛进。仅"十一五"期间，贺州市为了加快农村基础设施建设，在短短的5年时间里，共投入资金19249万元，修建贫困村四级路（含通村委会村级道路）141条748.1公里、村屯路1000余条1993.6公里……

"过去，因为路不通，本地盛产的松脂、八角运不出去，3万多亩林地被迫丢荒；本地的姑娘不愿意嫁在本村，全村1370人，60岁以上的寡老就有39人，50至60岁的光棍50人。现在好了，修通了水泥路，松脂、八角卖得出去了，外地的姑娘也愿嫁进来了。就在今年正月，我就收到了两份结婚请帖。"昭平县木格乡大垌村村委主任黄伟乐这样形容路通后大垌村的变化。

——10年来，尤其是"十一五"期间，贺州市共投了100多亿元，解决了一批重大而紧迫的民生问题。人民生活进一步改善、居民收入持续增长、社会保障覆盖面持续扩大、社会保障水平持续提高，就业、教育、医疗、住房……在民生领域，各级党委、政府交出了一份沉甸甸的成绩单。

学有所教、劳有所得、病有所医、老有所养、住有所居的夙愿，正逐渐变成一幕幕生动而真切的生活场景。

变化实实在在，成就令人振奋！

10年，改变的是这座城市的面貌，不变的是贺州人民奋发进取的精神！如果，我们把这座城市比作一艘航母，它那高达20层楼的庞大躯体以及舰体所有的设备都是它的硬件，而要驾驭好这艘航母、使它的战斗力发挥到极致，软实力不容小觑，没有这种软实力，至少舰载机就不能在甲板上自如起降。

当今时代，文化与经济相互交融，越来越成为经济社会发展的原动力，贺州历史悠久、底蕴深厚，是多文化的交融地，是一座文化富矿。这些年来，贺州认真探索提升文化软实力的办法措施，依托丰富的文化资源，加大文化改革发展力度，促进文化与经济协调发展、同步提升，走文化建设与经济发展同步推进的新路子。

市文联主席邱有源说，正在大力实施的"千村万户文艺惠民工程"，不断巩固和扩大了文化惠民的成果，初步形成了"农民主体、社会合力、自我发展、常态管理"的文艺惠民实践模式，得到了中宣部的高度评价。

市委常委、宣传部部长、副市长潘鸣深有感触地说："'国学进万家'、'感恩教育'以及'和谐建设在基层'等主题活动，强化了中华民族优秀传统文化和社会主义核心价值观教育，进一步提升广大公民的思想道德素质和文明素养。"钟世才、植志毅成为了人们争相学习的楷模，因为在他们的身上，有一种催人奋进的力量。

硬实力的发展，往往得益于软实力的提升，时代的精神和创新的理念是推动贺州奋进的动力——

有一种时代精神可以凝聚人心，叫做众志成城：

10年来，贺州儿女就是秉持着艰苦创业、开拓奋进的精神，一心一意谋发展，聚精会神搞建设，共同把贺州妆扮得如此多娇。

有一种创新理念可以鼓舞人心，叫做循环经济：

10年里，无庸讳言，年轻的贺州虽然取得了长足的进步和发展，但与其他发达的城市相比尚有距离。贺州要实现又好又快发展、实现后发崛起赶超跨越，就要充分用好后发选择优势，走循环发展的生态型发展之路。近年来，市委、市政府坚定不移地以循环经济的创新理论，引领贺州发展，通过打造"全国循环经济产业示范区"，培育壮大以循环经济为主导的特色工业，带动形成工业、农业等五大循环于一体的全域性循环经济体系，从而达到转变经济发展方式的目的。

回顾历史，我们信心百倍；展望未来，我们激情满怀。

建市10周年，既是贺州发展史上一个重要的里程碑，更是一个续写辉煌的新起点。

参考文献

[1]《贺县志》(清)韦冠英修 民国二十三年(1934) 鉛印本

[2]《钟山县志》(清)潘宝疆，卢世标修，民国二十二年(1933)鉛印本

[3]程瑜：黄姚古镇——广西昭平黄姚古镇调查与研究，知识产权出版社，2008.07

[4]储坚：浅议贺州旅游"双向"资源的利用，广西梧州师范高等专科学校学报.2003(04)

[5]黄钰婷：贺州瑶族民歌的文化底蕴，广西民族大学学报.哲学社会科学版，2011.5

[6]黄燕群：民俗文化与古镇旅游的发展——以广西贺州市黄姚古镇中元节柚子灯活动为例，贺州学院学报，2009.09

[7]黄河东 谢岭华：基于因子分析的贺州中心城市综合竞争力评价研究，白色学院学报，2010(8)

[8]江维国：粤港澳产业转移背景下贺州工业园区发展策略研究，张家口职业技术学院学报，2012(09)

[9]蓝国兴：话语修辞幻象视角下贺州旅游形象塑造研究，新西部(下旬.理论版).2012(Z1)

[10]李晓明：南方山区少数民族新农村建设考察报告——以广西富川瑶族自治县铁耕村为例，农业考古.2008(06)

[11]李晓明：贺州文化精神探论，贺州学院学报，2008(03)

[12]黎志宇 余良：贺州：与无铁路历史说再见，广西城镇建设，2009.01

[13]刘红艳：古村落建筑文化资源保护中存在的问题与对策探究——以贺州古村落为例，改革与开放，2011年1月

[14]罗义翀：小平曾来过——红七军在广西贺州市八步区柱岭镇的红色历史，军队党的生活，2009.12

[15]莫碧琳：民族传统服饰的潜在文化意义研究——以贺州槽碓土瑶女性服饰文化变迁为例，贺州学院学报.2009(02)

[16]农兴强 杨荣翰 韦祖庆：古镇旅游发展与生态文化理念——以贺州黄姚古镇为例，广西社会科学，2007年第4期

[17]潘立文：昭平黄姚古镇的文化成因，广西社会科学，2004年第11期

[18]田非：广西客家传统民居对中原文化的继承与发展——以贺州客家围龙屋为例，广西师范大学硕士学位论文，2008

[19]王俊平：贺州客家围屋的保护与民俗旅游发展，社会科学家，2006年3月

[20]王荷珣：贺州市客家饮食文化的调查与研究——以贺州市八步区芳林村为个案，广西师范大学硕士论文，2007.04

[21]韦海曦：富川瑶族民歌述论，艺术探索，1998年第1期

[22]韦浩明："潇贺古道"与唐朝以前岭南地区的民族融合——潇贺古道系列研究之五，广西梧州师范高等专科学校学报.2006(01)

[23]韦浩明：多族群区域族群文化整合路径探析——以广西贺州市为例，贺州学院学报.2010(02)韦浩明：论古镇的族群文化整合——以广西贺州市黄姚古镇为个案，贺州学院学报.2008(02)

[24]韦浩明："潇贺古道"与贺江流域的农业开发——"潇贺古道"系列研究之二，广西梧州师范高等专科学校学报.2005(02)

[25]韦浩明："潇贺古道"与唐朝以前岭南地区的内外贸易——潇贺古道系列研究之三，广西梧州师范高等专科学校学报.2005(03)

[26]韦祖庆：馆藏文物的审美取向分析——以贺州莲塘客家生态博物馆为例，贺州学院学报.2009(03)

[27]翁乾麟：产业转移理论与区域经济发展，学术研究，2007年第12期

[28]庞鑫：贺州供电局：南网文化旗帜下续写班组文化电企，广西电业，2012(11)

[29]肖冬平：广西贺州旅游的IMC研究，广西梧州师范高等专科学校学报.2005(04)

[30]许洪杰：旅游开发背景下古镇居民"边缘化"现象研究——以广西贺州黄姚古镇为例，广西师范大学硕士论文，2011.06

[31]谢育坚：论贺州客家民歌的文化内涵，广西民族大学学报.哲学社会科学版，2009.04.

[32]盈励：贺州——旅游的目的地，当代广西.2005(24)郑威：地方性:一种旅游人类学视角——以广西贺州区域旅游研究为个案，改革与战略，2006.04

[33]郑威 余秀忠：广西贺州瑶族服饰及其文化变迁，广西社会科学，2007年第10期

[34]郑威：以广西贺州客家族群的文化变迁为例，人类学文化变迁之文化涵化，广西社会科学，2006年第7期

[35]郑威：生态博物馆：文化遗产保护与发展之桥——兼评广西贺州客家文化生态博物馆项目建设，社会科学家，2006.04

[36]郑威 余秀忠：围屋化:族群历史记忆的社会化叙事——广西贺州客家围屋作为叙事文本的文学人类学分析，广西民族研究，2008年第1期

[37]钟学进：体验经济视角下贺州民俗节庆旅游开发研究，市场论坛，2012(02)

[38]周俊满：生态旅游的内涵及区域旅游开发——以广西贺州市为例，保山师专学报.2005(06)

[39]张燕玲：流过潇贺古道的记忆，当代广西.2005(12)

后记

　　《人文贺州》一书，在市有关部门和社会各界的大力支持下，经过编纂人员的辛勤努力，终于付梓。这是在市委、市政府的正确领导下，社科工作者紧紧围绕发展这一主题，服从和服务于全市科学发展、构建和谐社会大局取得的成果和结晶。纵览全书，内容充实，纲目井然，博精结合，具有较强可读性和资料性，是一部较为全面反映贺州自然资源、古今人文，以及经济、社会、文化发展的综合性读本。

　　本书浓缩了贺州市从公元前 111 年建县到 2012 年地级贺州市成立 10 周年两千多年的沧桑岁月和历史跨越，是对贺州多姿多彩的地域文化进行的一次寻根之旅，也是对改革开放以来尤其是贺州建市以来经济社会发展的一次概述。同时，《人文贺州》对于推介贺州地域文化、提升贺州城市知名度、对全市广大干群进行市情教育将起到一定的促进作用，还可作为置业向导、投资指南、旅游手册和城市便览，为广大海内外朋友全面、系统了解贺州的历史和现状提供一条捷径。

　　在本书编纂过程中，我们亲身体会到了各级领导、广大干群对贺州的热爱之情和建设富裕文明和谐幸福美丽贺州的奋发有为精神，亲身体会到了建市 10 年贺州取得的翻天覆地的变化，更加坚定了我们做好本职工作的决心和信心。

　　最后，向给予本书关心、支持的各级领导、社会各界人士致以真诚的感谢。

本书编辑过程中，参考和引用了大量文献和资料，不一一的详细列出，在此向原作者、编者表示真诚的感谢。

限于编者水平和占有资料有限，加之编纂时间较紧，错漏之处在所难免，敬请批评指正。

贺州市社会科学界联合会

2014 年 3 月

联系电话：0774-5120791

联系邮箱：gxhzsskl@163.com